PFERDEHOF "ZUM SCHWARZEN PONY"

Christine Pullein-Thompson

Prinz bleibt bei uns

Aus dem Englischen
von Renate Navé

Schneider-Buch

Inhalt

Bronco, der Wilde	7
Ein Pferd unter Tausenden	14
„Ich nehme den Reithelm!"	23
„Um Gottes willen, halt ihn auf!"	32
„Alles in Ordnung?"	39
Weihnachten	49
Ein Telefonanruf	60
Abschied von Bronco	71
„Eine gute Geschichte"	83
Schneetreiben	93
„Er ist erschöpft"	102
Richtige Verträge	113

Bronco, der Wilde

Es war Dezember und der erste Ferientag. Wir standen alle vor dem Stall und blickten wie gebannt auf den kastanienroten Fuchswallach, der gerade auf unserem Pferdehof eingetroffen war. Sein Name war Hillingdon Prinz. Aber da er sich so wild gebärdete wie ein Mustang, hatte er von uns gleich den Namen Bronco bekommen.

Eigentlich nehmen wir im Pferdehof „Zum Schwarzen Pony" nur Pferde mit ihren Besitzern auf. Bronco machte eine Ausnahme, er war gleichzeitig eine Herausforderung für uns.

Neben mir stand mein Bruder Ben, hoch aufgeschossen und breitschultrig, mit blondem Haar und braunen Augen. Auch Lisa, meine jüngere Schwester, war gekommen, um Bronco zu begrüßen. Lisas schmales Gesicht wird beherrscht von einem energischen Kinn, sie gibt sich nie mit einem Nein als Antwort zufrieden.

Broncos Besitzerin war zierlich, beinahe schmächtig und recht burschikos. Nur wenn von Pferden die Rede war, dann verriet ein Leuchten in ihren Augen, daß die Tiere ihr wichtig waren.

Bronco war schlecht behandelt worden, bevor sie ihn zu uns gebracht hatte. Trotz aller Liebe war sie mit ihm nicht fertig geworden, er ließ sich nicht reiten. Das erfuhren wir aber alles erst später.

„Stellt ihr ihn heute nacht in den Stall?" wollte sie wissen.

„Es wäre uns lieber, er könnte auf der Koppel bleiben", erwiderte Ben.

„Dann werdet ihr ihn kaum wieder einfangen können", sagte sie zögernd. „Wir haben gestern fünf Stunden dazu gebraucht!"

„Gut zu wissen", entfuhr es mir, ohne daß es spöttisch gemeint war.

„Wir werden es schon schaffen", sagte Ben zuversichtlich.

Broncos Besitzerin wollte gehen; sie schloß die Klappe ihres Transporters und klopfte noch einmal den Hals des Wallachs. Dann verabschiedete sie sich, nachdem sie sich die Ställe genau angesehen hatte.

Ben hielt Broncos Zügel. Er war ein prächtiges Tier, schön und stolz. Seine Augen waren lebhaft und temperamentvoll, jetzt scheu. Er hatte den edlen Kopf des Arabers, war offensichtlich ein englisches Vollblut mit breiter Brust, vorbildlich gestellten Beinen, schön bemuskelt und mit hohem Widerrist. Er war eines jener Pferde, von denen man nur zu träumen wagt. Und nun stand er leibhaftig vor uns — wild und ungebärdig —, und Mrs. Nuttal setzte ihre Hoffnung auf uns, denn sie kannte und vertraute uns. Sie mußte dringend verreisen und konnte sich daher nicht selbst um das Pferd kümmern. Ich legte die Hand auf seinen Rücken, und er zuckte zusammen. Als ich seinen Hals berührte, warf er den Kopf zurück. Er war nervös und angespannt.

„Rühr ihn nicht an, laß ihn in Ruhe!" sagte Ben. „Er muß sich erst hier eingewöhnen!"

„Er ist wild", rief Mami. „Ich bitte euch, ihn nicht zu reiten!" Doch sie wußte, daß ihre Worte in den Wind gesprochen waren, daß wir nicht auf sie hören würden. Wir hatten Broncos Betreuung schon vor Wochen übernommen, als wir der Besitzerin auf ihre Anfrage antworteten, wir wären bereit, den Wallach bei uns aufzunehmen. Jetzt gab es kein Zurück mehr.

„Wir lassen ihn im Paddock", sagte Ben. „Wenn wir ihn allein lassen, wird er sich vielleicht beruhigen und läßt uns morgen an sich heran!"

„Eure Gesundheit ist wichtiger als Geld", rief Mami. „Ich verstehe nicht, warum ihr ihn behalten wollt!"

„Wir wissen, daß er Verständnis und Geduld braucht", erwiderte Ben.

„Und warum sollen wir auf die Belohnung verzichten, die Mrs. Nuttal uns versprochen hat, wenn wir Erfolg haben? Wir wollen Bronco ja nur helfen!"

„Ben hat recht", rief ich. „Wir werden es schon schaffen!"

Wir brauchten ständig Geld. Das war wie eine Krankheit in unserer Familie: Wir litten an chronischem Geldmangel. Dabei brauchten wir es vor allem für die Versorgung unserer Pferde. Wir ritten leidenschaftlich gern, gingen zu Pferdeleistungsschauen, waren Mitglieder in einem Ponyclub, und jeder von uns hatte ein eigenes Pferd. Außerdem hielten wir noch ein Reservepferd. Mami und Paps legten großen Wert darauf, daß die Pferdeställe stets sauber und ordentlich waren und daß es den Tieren an nichts fehlte. Die Eltern hatten unseren Hof damals in einen Pferdehof mit Pensionsgästen umgewandelt.

„Er ist bildschön", stellte Lisa fest. Sie hatte bis jetzt geschwiegen. „Aber er sieht verstört aus, als wäre er schlecht behandelt worden, als verachte er uns alle und wolle von niemandem was wissen. Ob Ben das schaffen wird?"

„Sei nicht albern", sagte ich vorwurfsvoll, obwohl ich ihr im stillen recht gab. Doch im Gegensatz zu Lisa hatte ich Hoffnung und glaubte an unseren Erfolg. Mein Bruder Ben war fast so gut ausgebildet wie ein Bereiter, er verstand sich auf Pferde.

Wir führten Bronco in den Paddock, und er galoppierte los wie ein Mustang, den Schweif hoch über den Rücken gestellt. Dann stieg er wild schnaubend. Angespannt hielten wir den Atem an.

„Er wird sich nicht von euch reiten lassen", sagte Mami.

„Niemals", meinte Lisa.

Ich spürte, wie meine Knie weich wurden.

„Redet keinen Unsinn. Natürlich werden wir ihn reiten", sagte Ben. „Morgen beginnen wir mit dem Longieren, und dann werden wir weitersehen. Das wäre doch gelacht, wenn wir diesen Wildfang nicht bändigen könnten."

Es war bereits ziemlich dunkel; die Luft war von einer Schärfe, die eine frostige Nacht versprach. Ben und ich holten für unser neues Pferd frisches Heu, während die anderen sich ins Haus zurückzogen, um sich mit einer Tasse Tee aufzuwärmen. Bronco wollte sich uns nicht nähern. Unwillkürlich mußte ich an die Pferde in einem Wildwestfilm denken, wie sie über die Prärie preschen. Bronco schnaubte und stampfte mit den Hufen. „Ich glaube, wir werden nicht gegen ihn ankommen", sagte ich zu Ben.

Die erleuchteten Fenster strömten Wärme und Behaglichkeit aus. Mrs. Mills, unser ältester Gast, steckte den Kopf zur Hintertür heraus und rief: „Es gibt Tee!"

Unsere Pferde standen bereits ruhig in ihren Boxen und kauten friedlich ihr Heu.

„Es wird nicht ohne Schwierigkeiten gehen", meinte Ben. „Aber ich liebe Schwierigkeiten."

„Entweder wir gewinnen, und er muß nachgeben, oder aber wir verlieren, und er bleibt Sieger", sagte ich.

„Wir werden es ganz langsam angehen", meinte Ben. „Zuerst freunden wir uns mit ihm an und versuchen, sein Vertrauen zu gewinnen."

„Wenn er aus einem schlechten Stall käme, wäre alles leichter. Doch Mrs. Nuttal kennt sich nicht besonders mit Pferden aus, sie liebt sie aber. Warum sollten wir mehr Erfolg haben als sie?" fragte ich vorsichtig.

Ben antwortete nicht.

Wir gingen ins Haus und genossen nach einer Woche in der steifen Schuluniform unsere bequeme Reitkleidung.

„Wir müssen es schaffen", sagte Ben. „Schließlich steht auch unser Ruf auf dem Spiel. Wenn wir mit Bronco Erfolg haben, wird man uns weitere Pferde bringen. Wir werden als Betreuer bekannt werden und Geld verdienen. Und ich will Geld verdienen. Ich möchte endlich wirklich gute Reitkleidung haben und Stiefel nach Maß."

„Du spinnst!" sagte ich. „Die Kleidung ist unwichtig, was zählt, ist, wie du reitest!"

In unserer alten Küche, die ich sehr liebe, gossen wir

uns heißen Tee ein. Mami schaute noch immer besorgt drein. Mrs. Mills saß strickend neben dem Herd. Sie hatte uns allen Socken versprochen. Twinkle, unser Kater, wärmte sich am Kachelofen, während Lisa allein auf dem Fußboden Monopoly spielte. Von der Decke baumelten fröhlich die Weihnachtskarten, die wir bis jetzt bekommen hatten.

„Morgen werden wir uns mit ihm anfreunden", sagte Ben. „Glaub mir, Harriet, er wird uns vertrauen. Und wenn er uns vertraut, werden wir ihn auch reiten können. Das ist der einzige Weg." Er ging in der Küche auf und ab, und seine Augen funkelten vor Aufregung.

Ich sah mich bereits auf Broncos Rücken, perfekt auf dem Hufschlag reitend. Wir werden Geduld haben müssen, dachte ich. Sollte es uns jedoch gelingen, Bronco zuzureiten, dann würden wir hier bekannt werden. Auf einmal schien mir alles ganz einfach: Wir mußten uns anstrengen, und bald würden wir am Ziel sein. Ich ahnte damals noch nicht, welche Schwierigkeiten und Aufregungen auf uns zukommen sollten. Ganz zu schweigen von den Tränen und den schlaflosen Nächten, die mich dieses prachtvolle Pferd kosten sollte. Und das alles, weil wir den Mut gehabt hatten, vorschnell auf einen Brief mit einer Anfrage zu antworten.

Lisa war noch immer in das Monopolyspiel vertieft. Meine jüngere Schwester ist ein intelligentes und mutiges, aber trotziges und oft aufbrausendes Mädchen.

Ben verdrückte bereits das fünfte Kuchenstück, ohne daß er merkte, was er überhaupt aß.

„Wenn ihr verletzt werdet, bringe ich mich um", sagte Mami.

Jetzt betrat Paps die Küche. Er kam von der Arbeit, die ihm wenig Spaß machte, und beschwerte sich über die hohe Telefonrechnung.

Der Mond hing über den Ställen, und sein silberner Schein hatte etwas Märchenhaftes. Der Boden würde morgen steinhart gefroren sein, dachte ich, so daß Ausreiten unmöglich war. Und wenn die Kälte den ganzen Monat andauerte, dann würden die Ferien zu Ende sein, ohne daß wir ein einziges Mal auf Bronco geritten waren. Und was dann?

„Warum hockt ihr eigentlich immer in der Küche?" fragte Mami. „Wir haben drei Wohnzimmer. Wie soll ich das Abendessen zubereiten, wenn ihr mir ständig im Weg seid?"

„Nur deinetwegen", erwiderte Lisa. „Wir wollen einfach in deiner Nähe sein, weil wir dich mögen."

„Ach, was!" rief Mami. „Geh schon endlich, Lisa! Kannst du nicht wie ein normaler Mensch auf dem Tisch Monopoly spielen? Und du, Ben, hörst endlich auf, Kuchen in dich hineinzustopfen. Du verdirbst dir ja den Appetit fürs Abendessen!"

Es war ein Tag wie jeder andere, und dennoch war es der Beginn eines neuen Lebensabschnittes, den wir nie vergessen würden. Die folgenden Wochen sollten uns verändern, uns formen und aufmerksamer werden lassen. Wir würden auf die Probe gestellt werden wie nie zuvor. Aber zu diesem Zeitpunkt wußten wir das noch nicht.

Ben war guter Laune und ging fröhlich pfeifend die Treppe hinauf. Ich setzte mich vor den Wohnzimmerkamin und blätterte in meiner „Reitlehre", während draußen der Boden gefror und Bronco in seinem Paddock stand, scheu und verstört und von einer Schönheit, die man nicht beschreiben kann.

Ein Pferd unter Tausenden

Am nächsten Morgen war alles in Rauhreif gehüllt, und die Wasserpfützen waren fingerdick zugefroren.

„Schade, daß wir keine Reithalle haben", meinte Ben, als er den eingefrorenen Hahn auf dem Hof mit warmem Wasser aus dem Wasserkessel auftaute.

„Ein Longierplatz im Freien würde schon genügen", sagte ich.

„Wir sollten Streu in den kleinsten Paddock bringen und ihn dort longieren", schlug Ben vor.

Es war nicht nötig, ihn zu fragen, wen er meinte, denn es war nur noch von Bronco die Rede. Wir spürten seine Anwesenheit, wenn wir arbeiteten, und fühlten, wie er uns beobachtete. Es war ein bedrückendes Gefühl, das fast unheimlich war.

„Ich glaube, er hat schon früher einmal gelebt", sagte ich zu Ben. „Da ist er wohl ein Prinz gewesen."

„Eher ein Diktator", warf Ben ein.

Wir konnten nicht sehr nahe an ihn herangehen. So warfen wir ihm sein Bündel Heu zu, während er uns mit gespitzten Ohren aufmerksam beobachtete.

„Ich glaube, wir sollten uns zuerst mit einem ausgiebigen Frühstück stärken", schlug Ben vor. „Und dann fangen wir an. Wir müssen ihn in eine Ecke der Koppel treiben. Das müßte uns gelingen, schließlich sind wir zu mehreren..."

„Und wir sind geschickter als die arme Jean Nuttal", fügte ich hinzu.

Wir aßen Spiegeleier und eine große Portion Müsli.

„Wie geht es ihm?" erkundigte sich Mami.

„Ganz gut", antwortete Ben.

„Habt ihr mit ihm schon gearbeitet?"

„Nein, wir haben es noch nicht versucht."

„Aber seid vorsichtig!"

„Mach dir keine Sorgen, Mami", sagte ich.

„Ich werde die Sturzkappe aufsetzen, wenn ich ihn als erster reite", verkündete Ben.

„Warum sollst du ihn als erster reiten?" fragte ich.

„Weil ich's am besten kann", erwiderte er.

„Laß ihn doch", sagte Mami.

„Aber dazu müssen wir ihn erst einmal longieren", brummte ich.

Zehn Minuten später gingen wir auf ihn zu, mit einer Schüssel Hafer und dem Halfter hinter dem Rücken. Er beachtete uns nicht, machte vielmehr einen gelangweilten Eindruck und entfernte sich zügig.

„So schaffen wir es nicht", sagte Ben nach einer Weile. „Wir müssen noch James und Lisa holen."

„Und was ist dann?" fragte ich.

„Dann drängen wir ihn in eine Ecke des Paddocks. Vorsichtig!"

„Und wenn er durchdreht?" fragte ich.

„Red keinen Unsinn!" meinte Ben. „Was hast du denn auf einmal?"

„Ich weiß nicht. Ich wünschte, er wäre wie Lorraine",

erwiderte ich. Lorraine ist meine Grauschimmelstute, ein vollkommenes Pferd.

„Wenn er wie Lorraine wäre, dann wäre er nicht hier", sagte Ben und rief nach Lisa und James. „Kommt schnell, wir brauchen euch!"

„Sie haben dich nicht gehört", sagte ich. Doch wenig später kamen sie und zogen sich Reitstiefel und Handschuhe an.

„Was habt ihr vor?" fragte James, eine halbvolle Kaffeetasse in der Hand.

„Die brauchst du jetzt nicht", sagte Ben und deutete auf die Tasse. „Wir wollen ihn longieren."

„Wen?" fragte James.

„Bronco natürlich."

„Du weißt, daß ich Pferde nicht besonders mag", meinte James.

„Du bekommst eine Entschädigung, wenn wir unser Geld bekommen", sagte ich.

„Wenn ihr's bekommt", wandte James ein und stellte die Kaffeetasse auf einen umgestülpten Kübel.

Ben ging langsam auf Bronco zu, wir anderen blieben zurück. Er sah uns gelassen entgegen, als ob er das alles schon einmal erlebt hätte. Dann ging er langsam auf die Ecke des Paddocks zu, der beim Stall war, und blickte uns ahnungsvoll an.

„Er wird sicher nachgeben", sagte Ben. „Ich sehe es seinen Augen an. Er weiß, daß er keine Chance gegen uns hat."

Aber als der Wallach auf die Koppelecke zutrabte, wurde er immer schneller.

„Er wird über den Zaun springen!" rief Ben. „Bleibt ruhig stehen!"

Lisa rannte davon. Cassie wieherte freudig aus ihrer Box, deren Halbtür offenstand, so daß sie herausschauen konnte. Ihre Augen leuchteten, als sie Bronco erblickte. Der Wallach streckte sich und sprang mit einem Satz über den Zaun, als wäre der nicht eineinhalb Meter hoch, sondern fünfzig Zentimeter.

„Mach das Tor zu, Lisa!" rief Ben ihr nach.

Sie schlug es schnell zu, bevor Bronco es erreichen konnte. Seine Hufe donnerten über den gefrorenen Boden, wirbelten Erdbeerpflanzen und Reste von Lauch auf.

Unser Logiergast, Oberst Hunter, kam mit der *Times* in der Hand näher. „Er wird den Garten zertrampeln", rief er, als hätten wir das nicht selbst gewußt.

„Er ist auf dem Erdbeerbeet!" schrie Mrs. Mills. Sie war in Pantoffeln, mit einer Wollmütze auf dem Kopf und einem karierten Mantel aus dem Haus gestürzt.

Wir werden ihn nie im Leben kriegen, dachte ich. Er wird sich nicht aus dem Garten holen lassen, und Paps wird einen Wutanfall bekommen.

Ben hatte mittlerweile auch das vordere Hoftor geschlossen, das aus Schmiedeeisen war und eigentlich zu einem Schloß paßte. „Was für ein Prachtkerl!" rief er begeistert. „Kommt, wir treiben ihn auf den Hof!"

„Und wenn er über das Hoftor springt und verschwindet?" gab ich zu bedenken.

„Das kann er nicht! Dazu ist es zu hoch", meinte Ben. „Aber paß trotzdem auf, Lisa. Nur für den Fall…"

„Und wenn er auch über Lisa hinwegspringt?" fragte ich.

„Sei endlich still", fuhr Ben mich an.
„Beeilt euch!" rief James. „Ich friere!"

Bronco machte noch eine Runde im Garten, bevor er auf den Hof rannte, schnaubend und mit zurückgeworfenem Kopf. Cassie in ihrer Box wurde unruhig.

Wir versuchten, Bronco in eine Ecke des Hofes zu treiben, aber er jagte immer wieder an uns vorbei. Dabei warf er zwei Besen um und den umgestülpten Eimer mit James' Kaffeetasse, die klirrend zerbrach.

„Das war meine Tasse", rief Lisa. „Mrs. Mills hat sie mir vorige Ostern mit einem bemalten Ei drin geschenkt. Erinnerst du dich nicht? Warum mußt du auch immer meine Sachen nehmen! Ich hasse dich!"

„Das ist doch jetzt egal!" schrie Ben.

Bronco stand wieder auf dem gefrorenen Rasen, seine Augen waren auf uns gerichtet.

„Er macht sich lustig über uns", sagte Lisa wütend. „Das sehe ich ihm an."

„Wir müssen ihn wieder in den Paddock treiben. Kommt!"

Dichter Schnee fiel vom bleifarbenen Himmel. Bald wird alles zugeschneit sein, dachte ich, wir werden weiße Weihnachten haben.

„Er wird wieder über den Paddock springen", rief James uns über die Schulter hinweg zu, als er zum Hauseingang rannte. „Wir kriegen ihn nicht hier heraus. Ihr hättet ihn nicht hierbehalten dürfen."

„Solange wir dich nicht gesattelt haben, werden wir dich nicht in Ruhe lassen", sagte Ben. „Hast du verstanden? Wir müssen hart bleiben und dir zeigen, wo's lang geht. Es ist doch nur zu deinem Besten..."

„Warum ist er nur so schön!" sagte ich. „Und er sieht nicht böse aus, nur stolz. So ein Pferd gibt es nur einmal unter Tausenden."

„Deshalb müssen wir auch mit ihm fertig werden", meinte Ben.

„Er ist klug", sagte Ben. „Er wird einsehen, daß er nachgeben muß."

„Wenn es wenigstens Sommer wäre!" sagte ich.

Der Schnee fiel in immer dichteren Flocken. Auf Bens Blondschopf hatte sich eine weiße Haube gebildet, seine Handschuhe waren durchnäßt.

„Wenn wir mehr Zeit hätten, wenn uns ein paar Monate zur Verfügung stünden, statt nur ein paar Wochen..."

„Wenn, wenn, wenn", schnitt Ben mir das Wort ab. „Es ist besser, wenn wir ihn erst einmal in Ruhe lassen!"

Es schneite den ganzen Nachmittag. Bronco stand ruhig da, aber er gab sich nicht geschlagen. Wir stellten ihm einen Eimer mit Futter hin, doch er weigerte sich, näher zu kommen. Und er sah uns nicht an. Er starrte in die Ferne, als läge hinter dem Horizont ein Paradies mit saftigen Weiden, wo man ihn in Ruhe ließ. Aber vielleicht sah er auch nicht zu uns herüber, weil er Angst hatte, zu uns zu kommen und nachzugeben. Wer weiß? Noch nie war ich so ratlos gewesen. Das machte mich traurig, und ich wußte, daß ich die halbe Nacht wach liegen würde vor Sorge um Bronco.

Wir schlossen alle Tore, bevor wir ins Haus gingen.

Bronco stand jetzt wieder unbeweglich in einer Ecke des Paddocks, seine Mähne war naß vom Schnee, der Blick in die Ferne gerichtet.

Langsam gingen wir ins Haus.

„Glaub mir, es ist das beste", sagte Ben, „wenn wir ihn jetzt allein lassen."

„Sollten wir ihm nicht noch etwas Mischfutter geben und eine Portion Heu?" überlegte ich. „Wir sollten ihn nicht einfach dort stehen lassen. Ich finde, das ist Tierquälerei. Alles wäre halb so schlimm, wenn es nicht schneite", meinte ich. „Wenn er nur in seine Box ginge!"

„Bei dem Schnee wird er es schon tun", sagte Ben.

„Habt ihr ihn schon gesattelt?" wollte Mrs. Mills wissen, als wir die Küche betraten.

„Noch nicht", erwiderte Ben.

„Ist er noch im Garten?"

„Nein", erwiderte ich. „Im Paddock."

Ich fühlte mich wegen Bronco den ganzen Abend lang elend. Später hatte es zu schneien aufgehört, ein milchiger Mond erhellte den Nachthimmel, und ich konnte Bronco sehen, wie er ganz langsam und zögernd in seine Box ging, etwas steifbeinig und müde, mit seiner dichten Mähne und wachsamen Augen. Was mochte in ihm vorgehen? fragte ich mich. Vielleicht dachte er an früher, an die Zeit, als er noch ein Fohlen gewesen war? Was mag einem Pferd durch den Kopf gehen, wenn es den ganzen Tag und die ganze Nacht allein in einem fremden Stall und Paddock steht?

Ich ging früh schlafen und träumte, daß Bronco durch die Straßen von London galoppierte, ein Verkehrschaos auslöste und schließlich von einem Autobus angefahren wurde und mit gebrochenen Beinen auf dem Pflaster lag, während sich eine Menschenmenge um ihn bildete und zwei Polizisten mich packten und in ihr

Auto stießen.

Als ich am nächsten Morgen nach Bronco schaute, stand er schon wieder an der gleichen Stelle, die Silhouette seines Körpers hob sich scharf vom hellen Winterhimmel ab.

Alles war von einer Schneeschicht bedeckt und der Boden darunter gefroren und hart. Der Himmel war mit dichten Wolken verhangen, durch die gewiß den ganzen Tag kein Sonnenstrahl dringen würde.

Ich zog mich rasch an und steckte ein paar Eicheln ein. Während ich zu Bronco ging, sagte ich immer wieder: „Komm nur, ich tue dir nichts. Ich bin dein Freund. Du brauchst keine Angst zu haben!"

Dabei war mir völlig klar, daß er keine Angst hatte. Er hatte sicher nur selten Angst gehabt. Er weigerte sich nur, für den Rest seines Lebens ein Sklave zu werden. Ich wußte, wie ihm zumute war. Er war zu klug, um so etwas mit sich machen zu lassen. Das Eis im Wassertrog hatte er mit einem Huf gebrochen. Der Trog war fast leer. Bronco mußte durstig sein.

Ich betrachtete seinen schönen Kopf und fragte mich, wie lange er Widerstand leisten würde. Langsam ging ich auf ihn zu. „Bronco, bitte, gib nach", flüsterte ich. Aber er wandte sich ab, wie jemand, der einen nicht kennen will. Er wich vor mir zurück und legte die Ohren an.

„Dann tu, was du für richtig hältst", sagte ich. „Aber so kann es nicht bleiben. Wir alle müssen arbeiten, weißt du? Du kannst dir auch nicht mit Heu und Hafer den Bauch vollschlagen und nichts dafür tun. Für dich gilt das gleiche wie für uns. Wir hätten auch lieber immer

Ferien. Aber das ist nicht möglich. Willst du das nicht einsehen? Laß mich doch näher kommen!"

Als er den sanften Ton meiner Stimme hörte, begann er im Kreis zu gehen und schnaubte dabei, als wollte er sagen: Nicht mit mir!

„Tu, was du willst", rief ich ihm zu. Ich machte das Gatter zu und ging. Es hatte wieder zu schneien begonnen. Durch das Küchenfenster hörte ich, wie Lisa und Ben sich gegenseitig anschrien. Und dann dachte ich wieder, daß es ein Fehler gewesen war, Bronco bei uns aufzunehmen. Wir würden ihn sicher die ganzen Weihnachtsferien nicht reiten können. Dazu war auch das Wetter viel zu schlecht.

Ben kam mir entgegen. „Glück gehabt?" fragte er.
„Blöde Frage", sagte ich. „Er ließ mich nicht in seine Nähe."

„Hast du wirklich gedacht, wir würden es in zwei Stunden schaffen? Du bist ja nicht richtig im Kopf."

Ben hatte recht. Es würde nicht einfach sein, Broncos Vertrauen zu gewinnen. Bis dahin war es noch ein weiter und beschwerlicher Weg.

„Es wird viel Zeit und Geduld nötig sein, aber bald werden wir soweit sein", sagte Ben zuversichtlich. „Er macht jetzt schon einen vertrauensvolleren Eindruck. Er ist eigensinnig, aber wir werden schon mit ihm zurechtkommen."

„Und wenn wir doch nichts ausrichten können?" fragte ich.

„Das glaube ich nicht", sagte Ben.

„Ich nehme den Reithelm!"

Am nächsten Tag erging es uns nicht besser, im Gegenteil. Ich konnte Bronco nicht mehr in die Augen sehen, ohne dabei ein schlechtes Gewissen zu bekommen. Es bot sich uns ein so jämmerlicher Anblick, als er so dastand, mit eingefallenem Bauch, dem dünnen Hals und den von Schnee verkrusteten Hufen. Meine Kehle war wie zu geschnürt. „Wir sollten nachgeben", sagte ich. „Stell dir vor, er bekommt eine Kolik oder holt sich eine Bronchitis vom langen Stehen in der Kälte, mit leerem Magen. Wir sollten ihn jetzt in die Box treiben. Energisch!"

Ben sagte: „Schau, Harriet, er sieht zu uns herüber."

Tatsächlich war Broncos Blick nicht mehr in die Ferne gerichtet, sondern direkt auf uns, offen und stolz.

„Komm, wir geben ihm Wasser", schlug Ben vor. „Und wir stellen uns neben den Trog, wenn er trinkt."

Wir holten einen Eimer mit Wasser und gossen es in den Trog. Bronco kam zögernd näher und trank daraus mit weit vorgestrecktem Hals. Ben berührte sanft seine Mähne. Bronco wich zurück, jedoch ruhig und gelassen, als hätte ihn die Hand nur ein wenig irritiert.

„Wir werden es schaffen", sagte Ben zuversichtlich.

„Hoffentlich!" meinte ich.

Unsere Pferde im Stall brauchten dringend Bewegung. Wir führten sie ins Freie und ritten eines nach dem anderen auf dem hartgefrorenen Boden, auf dem die

Hufe nur so donnerten. Unsere Hände und Füße schmerzten vor Kälte, der Schnee fiel naß auf unsere Gesichter.

Bronco schaute über den Koppelzaun, als wir zurückkamen.

„Ich glaube, er hat seine Meinung geändert", sagte Ben.

Ich hatte den gleichen Eindruck. Er betrachtete uns und die Pferde mit Neugier und Interesse, starrte nicht mehr so teilnahmslos in die Ferne.

„Nach dem Mittagessen longieren wir ihn", sagte Ben. „Ich wußte, daß er ein kluges Tier ist. Er gibt nach, weil er eingesehen hat, daß es vernünftiger ist, nachzugeben. Wir müssen ihn behandeln wie jedes andere Pferd!" Ich hatte da zwar meine Zweifel, aber trotzdem waren wir plötzlich ganz aufgeregt und hatten das Gefühl, die erste Hürde überwunden zu haben und nun die nächsten zu nehmen. Wir glaubten, Bronco zu kennen. Ben begann zu pfeifen, er sagte: „Es wird schön sein, ihn zu reiten. Klug, wie er ist, wird er alles ganz schnell lernen. Kannst du dir vorstellen, mit ihm querfeldein zu galoppieren?"

„Ich wünschte, es wäre schon morgen und wir hätten ihn longiert und geritten!" sagte ich.

Nachdem wir gegessen hatten, blieben wir im Haus und sahen zu, wie es draußen schneite. Ben war über seinem Buch eingeschlafen, James ging in der Küche auf und ab."

„Ich halte das College nicht mehr aus, keine zwei Jahre!" stöhnte er.

Mami blickte verwundert auf. Lisa saß im Nebenzimmer vor dem Fernseher.

Um drei weckte ich Ben. Wir zogen unsere wärmsten Mäntel und die Reitstiefel an und gingen die Pferde füttern, denn wir wollten, daß Bronco sah, wie die anderen uns vertrauten und uns in ihre Nähe ließen.

Er stand am Zaun und blickte uns mit seinen dunklen Augen neugierig entgegen. Die Blesse auf seiner Stirn leuchtete weiß wie der Schnee, der schwer auf den Bäumen lastete und Gras und Pflanzen unter sich begrub. Unser Haus sah im Schnee kleiner aus. Es war auch viel stiller als sonst, und alle Geräusche waren gedämpft. Das Haus sah irgendwie älter aus.

Nach der Fütterung der Pferde näherten wir uns Bronco mit einem Eimer Hafer. Er kam uns entgegen und gab Ben einen kleinen Stups mit der Nase, als wollte er sagen: Na denn, du hast gewonnen.

Ich reichte Ben das Führseil, das er Bronco ans Halfter band, und der Wallach folgte uns tatsächlich in den Stall. Wir holten Wasser und Heu und legten ihm eine Decke auf den Rücken.

Wir wagten kaum zu atmen, aus Angst, ihn zu erschrecken. Dann verriegelten wir den unteren Teil der Boxentür und rannten ins Haus. „Wir haben ihn!" riefen wir. „Er ist in der Box, er hat nachgegeben."

Ben führte in der Küche einen Freudentanz auf. „Denkt an das Geld — ich glaube, es sind zehn Pfund die Woche — und an die Erfolgsprämie von fünfzig Pfund! Wir könnten den Stall ausbauen!"

„Noch ist nicht aller Tage Abend", sagte Mami, die sich gerade über die Waschmaschine beugte.

Aber Ben war nicht zu bremsen. „Harriet, du kriegst eine neue Reithose", rief er. „Und ich möchte Stiefel.

Oder eine neue Reitjacke!"

„Warum bekommt nicht jeder einen neuen Sattel?" fragte ich. „Einen Sprungsattel. Deiner muß besonders gut sein, Ben. Ich möchte einen Sattel aus dem besten Leder."

Wenig später ging ich nach oben und schaute aus dem Treppenfenster zum Stall hinunter. Bronco streckte den Kopf aus der Halbtürbox und er sah nicht so aus, als fühlte er sich eingesperrt. Er machte einen ganz zufriedenen Eindruck. Cassie streckte den Kopf weit nach vorn, um Broncos Nüstern zu berühren.

Es hatte zu schneien aufgehört, alles sah aus wie überzuckert und wirkte sehr friedlich. Plötzlich fiel mir ein, daß ich noch kein Geschenk für Mami hatte, obwohl in wenigen Tagen Weihnachten war.

Am nächsten Tag wollten wir Bronco den Sattel auflegen, doch er schüttelte sich wie wild und drängte sich dicht an die Boxenwand. Ich gab ihm ein Stück trockenes Brot und redete auf ihn ein. Aber er hörte nicht auf zu zittern.

„Wir müssen ihn aber an den Sattel gewöhnen", meinte Ben. „Kommt, wir binden ihn an."

Bronco schlug mit den Hufen gegen die Wand und verdrehte in Panik die Augen. Es war uns klar, daß wir uns zu früh gefreut hatten, aber wir sprachen es nicht aus. „Jetzt hat er wirklich Angst gekriegt", sagte Ben.

„Ja", stimmte ich ihm zu. „Er ist verschreckt. Ich frage mich nur, warum?"

„Das möchte ich auch gern wissen", sagte Ben.

Wir verbrachten den Vormittag damit, frische Streu in den Paddock zu bringen, damit wir dort Bronco bewegen konnten. Gegen Ende taten uns die Arme weh und wir schwitzten so, daß wir die Mäntel auszogen.

„Wo ist Lisa?" wollte Ben wissen. „Warum ist sie nicht hier? Wenn wir mit der Arbeit fertig sind, wird sie reiten wollen."

„Wir haben doch nur zwei Schubkarren, und sie ist langsamer als wir", sagte ich.

Immer wieder rutschten wir auf dem gefrorenen Schnee aus, unsere Kleider rochen nach Pferdemist. Endlich war es Zeit fürs Abendessen. Bronco zitterte noch immer am ganzen Leib, und so nahmen wir ihm den Sattel ab und versuchten, ihn mit sanften Worten zu beruhigen.

„Es muß einen Grund geben für seine Angst", sagte ich.

„Ich glaube, er hat etwas Schlimmes erlebt", meinte Ben, als wir zur Haustür gingen.

„Das glaube ich auch", sagte ich.

Paps war schon zurück und verlangte, daß wir zum Abendessen saubere Hosen anzogen.

James war mit Freunden Schlitten gefahren und kam mit roten Wangen und gutgelaunt nach Hause. Lisa hingegen hatte die ganze Zeit mit Kater Twinkle auf dem Schoß gelesen.

Mrs. Mills kam von ihrem Spaziergang zurück und schimpfte über den hohen Schnee, und Oberst Hunter erinnerte sich wieder einmal an seine Himalaja-Besteigung im Jahre 1925, als Indien noch zum Britischen Weltreich gehörte.

Später beschlossen wir, daß ich mit Lorraine und Ben mit seinem Welsh Pony Solitär ausreiten würden. Die anderen Pferde sollten inzwischen auf die Koppel, nur

Bronco sollte in seiner Box bleiben, in der er sich gerade wieder wie wild gebärdete.

Wir ritten über den Dorfanger.

Unsere Pferde hinterließen frische Spuren im Schnee. Der Himmel war leuchtend blau, und der Wind fegte uns eiskalt ins Gesicht. Es dauerte nicht lange, bis wir uns wieder auf den Heimweg machten.

„Versuchen wir doch morgen, Bronco zu longieren", schlug Ben vor. „Da wird er sich wieder etwas beruhigt haben!"

„Er braucht auch Bewegung", stellte ich fest.

„Wir werden ihn zuerst longieren und übermorgen ganz weit mit ihm gehen, und dann will ich versuchen, ihn zu reiten."

„Vorausgesetzt, das Wetter macht uns keinen Strich durch die Rechnung", wandte ich ein.

„Die Wege sind bis dahin wieder frei", erklärte Ben. „Wir müssen uns ein Ziel setzen, sonst kommen wir nicht weiter!"

„Ich finde, wir sollten nichts überstürzen", sagte ich.

Aber Ben wollte nicht auf mich hören. Nichts war ihm so zuwider, als zu warten. Da war er genau wie Lisa. Sie hatten keine Geduld, meine Geschwister. Dabei ist gerade bei Pferden Geduld das wichtigste. Aber trotzdem: Wir alle liebten unsere Tiere.

Wir ritten nach Hause und versorgten die Pferde. Bronco schaute aus der Halbtürbox wie ein alter Freund. Sein rotbraunes Fell glänzte, und seine Augen leuchteten.

„Siehst du nicht, daß wir schon einen Schritt weiter sind?" rief Ben. „Er vertraut uns!"

„Klopf auf Holz!" rief ich und öffnete die Boxentür.

„Er ist ein kluges Tier und hat eingesehen, daß er uns nicht überlegen ist", sagte Ben im Brustton der Überzeugung.

„Ich wünschte, das Wetter würde besser werden", meinte ich.

„Wenn wir auf diesem hartgefrorenen Boden stürzen, können wir uns ganz schön weh tun. Und die Pferde auch!"

„Wir werden aber nicht stürzen", meinte Ben zuversichtlich.

Als Lorraine versorgt war, ging ich zu Bronco in die Box. „Wir werden gute Freunde werden", sagte ich zu ihm. „Ich bin überzeugt davon."

Er beschnupperte meine Haare und stupste mich sacht mit dem Maul an. Er war ganz ruhig, aber trotzdem hatte ich das Gefühl, daß er sich nicht dem Willen eines anderen unterwerfen wollte. „Sei nett zu uns", bat ich ihn. „Bitte!"

Ich folgte Ben ins Haus und dachte: Er sieht die Dinge einfacher, als sie sind.

In dieser Nacht träumte ich von Bronco. Ben ritt mit ihm auf einer endlosen Straße; ich folgte ihnen mit Lorraine und rief immer wieder: „Ben, bitte, wartet auf mich!"

Am nächsten Morgen herrschte Tauwetter, und überall tropfte das Wasser herunter. Es war wärmer geworden. Wir zäumten Bronco auf, und das ging ganz gut. Er ließ sich sogar longieren. Er war zwar noch unruhig, tat aber, was wir von ihm verlangten. Wir longierten ihn im Trab und im Galopp und sahen sofort, daß er es gewohnt war, an der Longe zu gehen.

„Nach dem Mittagessen versuchen wir, ihn zu reiten", schlug Ben vor.

„Ist das nicht ein wenig zu früh?" gab ich zu bedenken.

„Ich fürchte mich nicht und er sich auch nicht", meinte Ben. „Sieh ihn dir an! Er ist jetzt fünf Tage bei uns. Und bis jetzt haben wir nur wenig mit ihm gemacht."

„Ich finde, wir sollten trotzdem noch warten", sagte ich. „Er faßt nur langsam Vertrauen!"

Wie gewöhnlich setzte Ben seinen Willen durch. Während des Mittagessens hatte ich ein flaues Gefühl im Magen. Ben hatte mich beschworen, niemandem von unserem Vorhaben zu erzählen. „Du kennst Mami. Sie dreht durch wegen nichts. Ich werde auf alle Fälle den Reithelm tragen. Wir können zuerst ein längeres Stück mit ihm gehen, und dann versuche ich aufzusitzen. Du führst ihn zu Beginn am Zügel, und ich fahre euch mit dem Fahrrad nach."

„Das Wetter hat umgeschlagen", rief die schwerhörige Mrs. Mills. „Wer hätte gedacht, daß es mitten im Winter wieder so warm wird!"

„Wann bekomme ich endlich ein Moped?" rief James. „Ich bin alt genug, und alle meine Freunde haben eins."

„Das ist zu gefährlich", erklärte Mami.

„Meinen Freunden ist noch nie was passiert. Warum bekomme ich zu Weihnachten kein Moped?" beharrte James.

Da wurde mir klar, daß bereits morgen Heiliger Abend war und ich noch immer kein Geschenk für Mami hatte.

„Ich möchte, daß wir Bronco heute im Stall lassen. Ich

muß Besorgungen machen", sagte ich.

„Das geht nicht. Er braucht Bewegung. Wir können ihn nicht Tag für Tag in der Box einsperren. Er muß Bewegung haben", meinte Ben.

„Wie geht es ihm eigentlich?" wollte Mami wissen.

„Fabelhaft, ganz ausgezeichnet. Er ist wie ausgewechselt", erwiderte Ben.

„Ich gehe morgen einkaufen, Harriet", sagte Mami. „Du kannst mitkommen. Willst du dieses Jahr wieder den Punsch machen?"

„Ja", sagte ich eifrig. Ich liebe Punsch zu Weihnachten.

„Und du, James, schmückst du wieder den Weihnachtsbaum? Ist es dir recht?" fragte Mami.

Mir war gar nicht weihnachtlich zumute. Meine Gedanken waren bei Bronco.

Nach dem Mittagessen flüsterte ich Ben zu: „Lassen wir es heute bleiben!"

Doch er schüttelte den Kopf und erwiderte: „Du kannst ja einkaufen gehen, wenn wir wieder zurück sind. Wir werden nicht lange fortbleiben. Und nun hör endlich auf mit dem Theater! Es passiert dir ja nichts. Niemand verlangt von dir, daß du ihn reitest."

„Das ist es auch nicht", entgegnete ich. „Ich will nur nicht, daß vor Weihnachten etwas passiert."

„Es passiert nichts, ich verspreche es dir", sagte Ben. Er lachte. „Ich kann dir gar nicht sagen, wie sehr ich mich auf den Ausritt freue. Es gibt nichts Aufregenderes im Leben als eine richtige Herausforderung."

„Nicht für mich", sagte ich und ging zögernd und langsam in den Pferdestall.

„Um Gottes willen, halt ihn auf!"

Ich sattelte Lorraine. Der Schnee auf dem Hof war matschig, aber auf dem Dorfanger war er noch fest und trocken. Nur am Rand schmolz er wie Eiscreme.

Ben holte sein Fahrrad und lehnte es an die Hauswand. Dann holte er Bronco, während ich auf Lorraine aufsaß. Ben band die Zügel an den Steigbügeln fest.

„Bist du soweit?" fragte ich und zog den Sattelgurt an. Lorraine konnte es kaum abwarten, endlich loszulaufen. Ich warf einen Blick auf meine Armbanduhr, es war bereits zwei. Ben setzte seinen Reithelm auf und zog den Riemen enger als sonst. Er trug Reithosen und Gummistiefel, unter dem Anorak trug er zwei Pullover. Dann drückte er mir den Führstrick in die Hand, der an Broncos Halfter befestigt war. Gerade als ich anreiten wollte, kam Lisa gerannt und rief: „Was habt ihr vor?"

„Kümmere dich um deine eigenen Angelegenheiten und verschwinde!" rief Ben ihr zu und stieg aufs Fahrrad. Ich ritt mit Bronco als Handpferd, aber ich hatte ein ungutes Gefühl und zugleich ein schlechtes Gewissen, daß wir Mami verschwiegen hatten, was wir vorhatten, und weil niemand wußte, daß wir zum ersten Mal mit Bronco ausreiten wollten.

„Ich komme mit euch!" rief Lisa. „Wo ist mein Fahrrad?"

„Kommt nicht in Frage", sagte Ben.

Wir waren allein auf der Dorfwiese. Bronco und Lorraine vertrugen sich gut. Der Wallach war größer, und die Stute hatte Mühe, mit ihm Schritt zu halten. Friedlich gingen sie nebeneinander einher.

Die Bäume hoben sich schwarz von dem blendendweißen Schnee ab, durch den stellenweise zartgrünes Gras schimmerte. Aber unter der dünnen Schneedecke war der Boden noch immer gefroren. Ben trat in die Pedale seines Rades. „In Richtung Wald?" rief er mir zu. „Ich treffe euch dann am anderen Ende wieder. In Ordnung?"

„In Ordnung!" sagte ich.

Es war sonderbar still im Wald, denn der Schnee dämpfte jedes Geräusch. Die Wege waren schmaler als sonst, und die Äste der Bäume bogen sich unter der Last des Schnees und erinnerten an die Arme von Menschen, die schwer zu tragen hatten.

Lorraine wollte traben, und Bronco schien zufrieden. Ich wäre es auch gewesen, wenn ich nicht irgendwie Angst gehabt hätte. Ich versuchte, gegen meine Angst anzusingen, doch die Stimme erstarb mir in der Kehle. „Mut, Harriet!" sagte ich mir. Aber dennoch wollte die Vorahnung eines bevorstehenden Unheils nicht weichen.

Der Wald wurde lichter, und ich sah die Wiese, bei der Ben auf mich warten wollte. Die Sonnenstrahlen bahnten sich einen Weg durch die Wolken, sie drangen durch den Wald, und es wurde zusehends heller. Erinnerungen an lange Ritte durch den Wald wurden wach, Erinnerungen an schöne und schwierige Zeiten.

„Wie macht er sich?" erkundigte sich Ben, als ich die Wiese erreicht hatte. „Ist er ruhig?"

„Wenn du wissen willst, ob er müde ist, dann muß ich

dich enttäuschen", rief ich ihm zu.

Von nun an ritt ich Lorraine im leichten Trab. Ich hatte keine Ahnung, wie lange wir schon so dahinritten. Die Pferde schnaubten zufrieden. Ben folgte uns weiter mit dem Rad. Als wir endlich am alten Bahndamm angelangt waren, hielt ich mein Pferd an und sagte: „Sie sind etwas müde!"

Die alte, stillgelegte Bahnstrecke war für mich mit vielen Erinnerungen verknüpft. Ben lehnte sein Fahrrad gegen einen Baum und erklärte: „Ich hole es später wieder ab!"

„Und wenn es geklaut wird?" fragte ich.

„Ach was!" sagte Ben.

Da wurde mir bewußt, daß wir redeten, um unsere Angst zu vergessen.

„Du mußt ihn nicht reiten", sagte ich und schwang mich aus dem Sattel.

„Was willst du damit sagen?" fragte Ben.

„Er hat schon genug Bewegung gehabt. Wir können umkehren", meinte ich.

„Warum? Meinst du, ich bin nur zu meinem Vergnügen so weit geradelt? Nein, ich bleibe und werde ihn reiten", sagte Ben. Er überprüfte, ob sein Reithelm richtig saß, und zog den Reißverschluß seines Anoraks zu. Bevor er aufsaß, vergewisserte er sich, ob alles in Ordnung war.

„Soll ich ihn halten?" fragte ich.

„Natürlich", sagte Ben ungehalten. Die Angst machte ihn ungeduldig. Das kenne ich von mir selbst. Es geht mir genauso, wenn ich zum Direktor gerufen werde oder wenn ich in der Dunkelheit über den Dorfanger gehen muß.

„Wenn ich aufsitze, hältst du beide Pferde an den Zügeln", sagte Ben.

Um uns herum herrschte vollkommene Stille. Weit und breit war keine Menschenseele zu sehen, nicht einmal ein Hase hoppelte an uns vorüber. Ich verkürzte Broncos Zügel. Er hatte sich von dem langen Ritt erholt und starrte in die Ferne, als suche er etwas Bestimmtes.

„Ich finde, wir sollten es ein anderes Mal versuchen", sagte ich noch einmal.

Aber Ben hatte bereits den Fuß im Steigbügel.

„Ben, ich bitte dich, laß es!" flehte ich ihn an, und Beklemmung überkam mich, als er das andere Bein über Broncos Rücken schwang.

Ich spürte, wie der Wallach sich anspannte, als ob er jeden Augenblick explodieren würde, wie ein Ballon, der mit zuviel Luft gefüllt war. Lieber Gott, bitte, laß alles gutgehen, betete ich leise.

Ben setzte sich ganz vorsichtig in den Sattel, ganz leicht. Dann begann er, sanft auf Bronco einzureden, und dann knisterte die Luft nur so vor Spannung. Wir setzten uns in Bewegung, und Ben sagte mit unüberhörbarer Erleichterung: „Ich habe es gleich gewußt, daß es gehen würde."

„Klopf auf Holz", sagte ich, aber es war keines da, auf das er hätte klopfen können.

Wir wagten nicht, uns umzudrehen. Der Bahndamm, der früher einmal eingleisig befahren wurde, war von Unkraut überwuchert. In der Ferne erblickte ich eine Herde Kühe, die sich dicht aneinanderdrängten, und auf einem Hügel tuckerte ein Traktor. Lorraine weigerte sich weiterzugehen, aber Bronco stürmte vorwärts. Er verdrehte die Augen und stellte ängstlich die Ohren auf. Ich konnte den Schweiß riechen, der aus seinem Fell drang, er dampfte. Ben saß ruhig im Sattel, er hielt die Zügel vorschriftsmäßig, sein Gesicht war ernst. Es war jetzt vier Uhr. In etwa einer Stunde würde die Dämmerung hereinbrechen. Meine Angst wuchs. „Wir sollten jetzt umkehren", schlug ich vor.

„Ja gleich", sagte Ben mit kaum hörbarer Stimme. „Er ist zu nervös, als daß ich ihn jetzt wenden könnte!"

Ich dachte an Mami und an Mrs. Mills, die jetzt den Teekessel aufsetzte. Ich dachte auch an Limpet und Jigsaw, die auf ihr Heu warteten, und an Cassie mit ihrem Fohlen Windfall, die beide in den Stall geführt werden mußten. Aber das würden Lisa oder James tun. Sie waren zuverlässig.

Der Himmel verdüsterte sich mehr und mehr. Brachte er Regen oder Schnee? Ich konnte es nicht sagen. „Wir müssen umkehren", drängte ich. „Es ist höchste Zeit!"

„Sei nicht so ungeduldig", brummte Ben.

„Aber es wird bald dunkel", sagte ich.

„Also gut, laß uns umkehren", meinte Ben schließlich.

„Geh schön, geh", sagte ich, als führte ich Bronco an der Longe. „Geh, und ganz ruhig!"

Doch da war nicht ausreichend Platz, damit die beiden Pferde wenden konnten. Bronco war noch immer nervös, während Lorraine es jetzt eilig hatte, in ihre Box zu kommen. Sie war jetzt auch hungrig. Doch da verhakten sich die Steigbügel der beiden Pferde ineinander. Bronco stieg.

„Aus dem Weg!" rief Ben mir zu.

Es ist unsere Schuld, dachte ich entsetzt. Wir hätten im Paddock bleiben sollen! Ben hätte Bronco auch dort bewegen können.

„Ich versuche es", schrie ich zurück. Und dann stand Bronco wieder auf der Hinterhand, und Lorraine wurde mitgerissen. Ich bekam einen Stoß und wurde abgeworfen. Ich sah noch, wie Bronco mit Ben im Sattel davonstürmte, Lorraine hinterher.

„Tu was, Harriet! Um Gottes willen, halt ihn auf?" rief Ben zu mir zurück.

Noch nie in meinem ganzen Leben hatte ich so große Angst gehabt. Ich rappelte mich hoch und rannte hinter ihnen her. Weit und breit war kein Mensch zu sehen. Der Traktor war weit entfernt. Außerdem bewegte er sich im Schneckentempo vorwärts, er würde uns kaum helfen können.

Ben entfernte sich immer mehr und mehr. Wieder kam es mir in den Sinn, daß niemand wußte, wo wir waren. So konnte uns auch niemand zu Hilfe kommen. Ich machte mir furchtbare Vorwürfe, daß ich auf Ben gehört hatte, nur weil ich zu feige gewesen war, nein zu sagen.

Meine Stiefel waren schwer vom Schnee, der an den Sohlen kleben blieb; aber nichts konnte im Augenblick schwerer sein als mein Herz, dachte ich.

Es wurde immer dunkler. Schnee und Hagel peitschten mir naß und kalt ins Gesicht.

Der Bahndamm wurde zu etwas Schrecklichem, und ich wünschte mir, ein anderer Mensch zu sein: ein Mädchen in einer Stadtwohnung, das friedlich mit seiner Freundin zusammensaß. Verzweifelt betete ich und bat

Gott, Ben zu beschützen. Ben durfte nichts geschehen, und den Pferden ebensowenig. Meine Lorraine! Sie schien völlig verstört zu sein.

Tränen liefen mir über die Wangen, Tränen der Verzweiflung. Der Bahndamm schien mir mit einemmal der einsamste Platz auf der Welt zu sein; ich konnte mir nicht vorstellen, jemals wieder nach Hause zu kommen. Mami würde bald einen Suchtrupp losschicken, Paps würde sich über unsere Unvernunft ärgern. Ich hörte: „Warum haben sie nicht gesagt, wohin sie gehen?" Und Oberst Hunter würde sagen: „In Indien hatten wir es uns zur Devise gemacht..." Lisa würde losheulen und James eine Tasse Kaffee nach der anderen hinunterschütten.

Immer wieder stolperte ich über hartgefrorene Schneebrocken und Erdlöcher, die die Hufe der durchgegangenen Pferde hinterlassen hatten.

Plötzlich sah ich, wie Ben durch das Schneetreiben auf mich zulief. Er hielt sich einen Arm und rief: „Ich konnte ihn nicht aufhalten." Einen Augenblick lang zählte für mich nur die Tatsache, daß Ben noch lebte. Erst dann sah ich, daß sein Arm so eigenartig herabhing und sein Gesicht sehr blaß war. „Ist dein Arm gebrochen?" rief ich.

„Ja, ich weiß nicht, wie es passiert ist", erwiderte er. Wieder fing ich zu weinen an.

Als Ben mich in Tränen dastehen sah, sagte er ernst: „Ich bin dumm gewesen. Du hattest recht, Harriet!"

„Wir müssen die Pferde suchen!" rief ich ihm zu.

„Wir gehen auf die Landstraße und holen Hilfe", schlug Ben vor.

"Siehst du die Scheinwerfer dort drüben? Es sind eine Menge Autos unterwegs. Ich muß über zwei Felder laufen, dazwischen ist ein Zaun. Wenn du mir hilfst, kann ich darüberklettern."

"Was ist mit dir? Was soll ich tun?" fragte ich. Und dann sah ich meine geliebte Lorraine auf mich zutraben, und ich wußte die Antwort auf meine Frage. "Ich gehe Bronco suchen", entschied ich. "Komm dann nach!"

"Ich habe gehofft, daß du das sagen würdest", sagte Ben. "Los, beeilen wir uns!"

"Alles in Ordnung?"

Ich half Ben, über den Zaun zu klettern, dabei vermied ich es, seinen verletzten Arm anzusehen. "Wie ist es passiert?" fragte ich.

"Keine Ahnung. Ich glaube, ich bin mit dem Fuß im Steigbügel hängengeblieben, und dann muß mir Bronco auf den Arm getreten sein!"

Er war noch immer etwas benommen, fand ich.

"Du hattest die kleinen Steigbügel. Warum haben wir sie nicht ausgetauscht? Wie konnten wir nur so leichtsinnig sein!" sagte ich.

Ben lächelte gequält. Ich hätte es wissen müssen!" gab er zu.

"Hast du starke Schmerzen?" fragte ich ihn.

"Nein, es geht. Der Arm fühlt sich irgendwie taub an."

Ich blickte ihm nach, wie er in Richtung Straße ging, die von Autoscheinwerfern beleuchtet wurde.

Als Ben in der Dämmerung verschwunden war, ging ich zu Lorraine, klopfte ihren Hals und beruhigte sie. Vorsichtig stieg ich auf, und sie fiel brav in Trab. Der naßkalte Schnee klatschte uns entgegen. Es wurde nun rasch dunkel. Während ich dahinritt, überlegte ich, was aus Bronco werden sollte. Wir hatten uns wohl doch zuviel zugemutet! Mit einemmal wurde mir klar, daß wir versagt hatten. Wir hatten überstürzt und unüberlegt gehandelt, anstatt ihm Zeit zu lassen. Ich sah ein, daß das Sprichwort „Gut Ding braucht Weile" besonders auf den Umgang mit Pferden zutrifft. Wir hatten Bronco überfordert. Wir hätten uns mehr Zeit für ihn nehmen sollen.

Lorraine ging langsamer. Schlamm und Schnee hafteten an ihren Hufen; der Schnee ging nun wieder in Hagel über, der auf uns herniederprasselte, so daß wir kaum noch etwas sehen konnten. Meine Füße waren eiskalt in den Reitstiefeln, meine Handschuhe waren durchnäßt und klebten an den klammen Fingern.

Nach einer Weile hörte es auf zu hageln, und es schneite wieder. Wie Konfetti rieselten die Flocken vom Himmel. Ich mußte etwa eine Stunde lang geritten sein, es war wie ein böser Traum. Ich war nun wieder an dem alten Bahndamm mit dem Bahnwärterhäuschen angelangt. Lorraines Mähne war schneebedeckt, und meine Hände schmerzten vor Kälte. Ich muß umkehren, dachte ich. Wenn ich noch länger warte, werden wir es nicht mehr schaffen. Da hörte ich leises Wiehern, und dann sah ich Bronco auf dem Bahndamm stehen. Seine Zügel hingen herunter, und der Sattel hing ihm seitlich herunter. Er wirkte erschöpft, und ich stieg von meinem Pferd und rief ihn leise. Er zitterte. Beruhigend redete ich zu ihm. Dann wartete ich einen Augenblick, und er ging langsam auf mich zu, damit ich ihn zu seinem Stall zurückführte. Ich rückte mit klammen Fingern seinen Sattel zurecht und stieg wieder auf Lorraines Rücken, um nach Hause zu reiten.

Der Schnee fiel jetzt dichter, in so dicken, schweren Flocken, wie ich sie selten gesehen hatte.

Plötzlich bekam ich Angst. Es war schon sechs Uhr, und wir hatten noch einen langen Weg vor uns.

Der Schnee setzte sich an den Hufen der Pferde fest. Immer wieder stieg ich ab, um die Hufe zu säubern. Nur ganz langsam kamen wir voran.
Um uns herum war es sehr still, und ich hatte das Gefühl, als gäbe es nur noch uns drei auf der Welt.

Als wir am Ende des Bahndamms angekommen waren, schlug ich den Weg zur Landstraße ein. Ich stieg ab. Der Schnee war jetzt sehr hoch, und wir rutschten, als es bergab ging; von den Ästen der Bäume fiel Schnee auf uns herab. Die Pferde kamen nur mühsam voran.

Ich fragte mich, wo Ben sein mochte. Er suchte ja nach Bronco! Ob ihn jemand begleitete, ob er Hilfe gefunden hatte? Vielleicht war er auch schon im Krankenhaus, und sie behandelten seinen Arm. Ich war todmüde und sah alles düster, wieder liefen mir die Tränen herunter. Ich verließ mich auf Lorraine, daß sie den Weg durch den Schnee fand, der zur Landstraße führte. Wir waren hier schon oft geritten.

Die Autos krochen langsam die Straße entlang. Einige schlitterten, und hier, vom Hügel aus, schien alles wie ein verrücktes Spiel zu sein. Ich fragte mich, ob wir es schaffen würden, neben der Landstraße heimzugehen, ohne daß uns etwas zustieß. Aber nun mußten wir weiter, durch Dunkelheit und Schnee. Wir waren erschöpft, alle drei. Und alles war meine Schuld, ich hätte es wissen müssen.

Ich hielt die Pferde an, und wir standen da und starrten hinunter. Als ich die Autos beobachtete, sank mein Mut.

Ein paar Männer schoben ihre Wagen, weil sie steckengeblieben waren, andere schaufelten sie frei. Dazwischen erklangen aufgeregte Frauenstimmen. Mehrere Fahrzeuge lagen im Straßengraben, andere standen quer über der Fahrbahn; ein ganz neuer Renault lag mit dem Dach auf der Straße.

Die Pferde hoben müde die Köpfe, sie waren erschöpft. Es zerriß mir das Herz. Ich spürte, daß Lorraines Kräfte weniger wurden, und sagte leise zu ihr: „Wir müssen weiter! Kommt! Kommt!"

Die Straße war ziemlich glatt. Die Leute starrten mich und die Pferde an, und einige beschimpften mich.

„Verantwortungslos!" hörte ich. Und es stimmte ja. Ich versuchte, mit den beiden ganz am Rand der Straße zu gehen, auf einem Seitenpfad. Da ging es besser.

Langsam führte ich die beiden Pferde. Ich hoffte inständig, daß wir bald Hilfe bekämen: daß ein Streuwagen käme oder ein Schneepflug. Ich redete zu den Tieren. Meine Füße waren gefühllos vor Kälte. Ich legte die durchnäßten Zügel über Lorraines Hals. Und dann wußte ich plötzlich nicht mehr, in welcher Richtung es nach Hause ging. Ratlos starrte ich auf die Straße. Ich schaute zurück zum Wald und zu dem Feldweg, auf dem wir gekommen waren. Er lag in völliger Dunkelheit. Die Pferde spürten meine Unsicherheit, sie ließen die Köpfe hängen.

Da kam ein magerer junger Mann von der anderen Straßenseite her auf mich zu. Er hatte schulterlanges Haar und trug alte Jeans. „Alles in Ordnung?" fragte er, und ich sah, daß er eine Zahnlücke hatte. „Du wirst nicht schlappmachen?"

„Nein, nein. Ich sehe vielleicht so aus, aber ich bin ganz in Ordnung. Aber die Pferde...", sagte ich mit tränenerstickter Stimme.

„Kannst du nicht jemanden anrufen? Nicht weit von hier ist eine Telefonzelle. Ich gebe inzwischen auf die Pferde acht."

„Ich habe kein Geld bei mir", sagte ich.

„Da kann ich dir aushelfen. Mein Wagen ist steckengeblieben, und ich kann warten, bis du zurück bist", meinte er. Er drückte mir ein paar Münzen in die Hand und nahm mir die Zügel ab.

Die Telefonzelle war besetzt. Ein Mann in dunklem Anzug, mit Schirm und Aktenkoffer, schrie laut in den Hörer. Als er endlich herauskam, fuhr er mich an: „Beeil dich! Ich muß noch telefonieren. Dies ist ja furchtbar! Wo ist der Straßendienst?"

Meine Finger waren so steif vor Kälte, daß mir der Telefonhörer aus der Hand fiel. Doch dann war endlich James am anderen Ende der Leitung. „Ich stehe auf der Landstraße und kann nicht weiter", rief ich. „Die Pferde kommen nicht mehr voran. Ist Ben schon nach Hause gekommen?"

„Ben ist im Krankenhaus. Er weiß, daß du Bronco gefunden hast. Sie haben dich gesehen. Er hat gerade angerufen. Wo bist du jetzt?" fragte James aufgeregt.

„Keine Ahnung", schrie ich.

„Schau, was auf dem Telefon steht", riet James. „Wir kommen!"

„Ridgeway", antwortete ich. „Ich habe Lorraine und Bronco bei mir", rief ich noch in den Hörer, aber James hatte bereits aufgelegt. Ich fragte mich, wie wir es ohne Ben schaffen sollten. James würde wahrscheinlich Hilfe beim Ponyclub holen und brachte bestimmt einen Mann mit.

Der Junge in Jeans wartete geduldig neben den Pferden.

„Alles in Ordnung?" erkundigte er sich.

„Ja, vielen Dank." Ich nahm die Zügel.

Einige Autos waren inzwischen weitergefahren, aber es kamen immer neue, die nur mit Mühe anhalten konnten. Drei Männer versuchten, den Renault wieder auf die Räder zu stellen.

„Du siehst schlecht aus. Was hältst du von einer Tasse Kaffee? Ich habe Kaffee im Wagen."

„Ja, gern!" antwortete ich dankbar.

Sein Auto war alt und verbeult. Es war eines von der Sorte, das Polizisten gern anhalten, um sich die Wagenpapiere zeigen zu lassen. Eine der Stoßstangen war mit einem Seil befestigt.

Der Kaffee war lauwarm, und am Rand des Bechers klebte eine Zuckerkruste. Aber das war mir jetzt egal.

„Hast du einen Unfall gehabt?" wollte er wissen, als ich den Becher ausgetrunken hatte und ihn ihm zurückgab.

„Nein, mein Bruder hatte einen Unfall!"
„Schlimm?"
„Ja, er hat sich vermutlich den Arm gebrochen." Ich hatte keine Lust, darüber zu reden, denn schon beim Gedanken daran wurde mir übel.

„Aber er ist nicht mehr da oben?" fragte er und zeigte mit dem Finger auf die Hügel und den Wald.

„Nein, er ist im Krankenhaus."
„Möchtest du noch etwas Kaffee?"
„Nein, danke."
„Ich warte mit dir, bis sie dich holen kommen."
„Danke. Das ist nicht nötig", wehrte ich ab.

Hinter uns hielt ein Lastwagen, der nicht mehr weiterfahren konnte. Dann kam ein Streifenwagen der Polizei.

„Wer holt dich denn ab?"
„Ich weiß es nicht, mein Bruder", erwiderte ich.
„Wenn du die Pferde irgendwo unterstellen könntest, würde ich dich heimfahren."

„Ich lasse doch meine Pferde nicht allein!" sagte ich empört. „Danke für deine Hilfe. Fahr ruhig weiter!"

„Nun ja, wenn du meinst", sagte er und warf einen Blick zu dem Streifenwagen hinüber.

In diesem Augenblick sah ich im Scheinwerferlicht einen Landrover mit einem Transporter die Landstraße herauffahren. Die Pferde spitzten die Ohren.

Ich winkte dem Jungen noch einmal zu und rief: „Es ist alles in Ordnung! Sie kommen!"

„Auf Wiedersehen!" rief er zurück.

Der Landrover hielt, und James rief: „Beeil dich, Harriet! Du mußt mir helfen, die Rampe runterzulassen. Ich habe jemanden mitgebracht. Er wird uns helfen!"

Ein Stallhelfer des Ponyclubs kam zu uns herüber und nahm mit geübtem Griff die Zügel der Pferde.

„Wo ist Mami?" fragte ich.

„Wo soll sie sein? Natürlich bei Ben im Krankenhaus", rief James mir zu, während er aus dem Wagen sprang. „Zu Hause sind neue Gäste angekommen. Es geht drunter und drüber. Bist du in Ordnung?" Prüfend blickte er die Pferde an.

Wir ließen die Rampe herunter. James hatte Decken für die Pferde mitgebracht. „Es muß gehen", meinte er. „Macht schnell! Wir müssen sie gleich hineinbringen!"

Zwei Polizisten redeten mit dem Jungen, der mir Kaffee angeboten hatte. Einer der Beamten nahm sein Notizbuch und schrieb etwas auf.

Lorraine und Bronco gingen zögernd in den Transporter. Ich klopfte ihre Hälse, dann klappten wir die Rampe wieder hoch.

„An der nächsten Kreuzung können wir wenden", sagte James.

Ich hatte nie bemerkt, daß der Motor des Landrovers so laut war.

„Warum habt ihr das getan?" fragte James vorwurfsvoll. Der Stallhelfer sah mich streng an. „Schon mal was von Verantwortung für Pferde gehört?" fragte er.

Ich schwieg eine Weile, ehe ich antwortete. „Wir wollten die Tiere nicht in Gefahr bringen!" Ich schluckte.

James sagte: „So was Verrücktes! Es war euch doch klar, daß ihr etwas Gefährliches vorhattet. Jetzt seht selbst, was ihr angerichtet habt. Und ich mache mich auch noch strafbar, weil ich noch keinen Führerschein habe. Das Haus ist voller Gäste. Es herrscht totales

Durcheinander. Und das alles nur euretwegen!" Er bog in eine Seitenstraße ein und hielt. Der Stallhelfer stieg aus und verabschiedete sich. Der Tag kam mir plötzlich endlos lang vor. Ich sehnte mich nach meinem Bett, nach Ruhe und Wärme und nach einem Teller dampfender Suppe.

„Ich nehme an, auch in meinem Zimmer habt ihr Gäste einquartiert", sagte ich schwach.

„Nein, sie sind alle in den Mansardenzimmern untergebracht. Fünf Kinder und eine völlig überforderte Mutter. Mami mußte sie aufnehmen. Sie sagte, so kurz vor Weihnachten könne man niemanden abweisen, denn das wäre genauso wie einst, als Maria und Josef unterwegs waren."

„Werden sie über Weihnachten bleiben?" fragte ich.

„Ja, und sicher werden uns die Vorräte ausgehen. Sie haben auch zwei Hunde mitgebracht! Sie hatten eine Räumungsklage. Weißt du, was das heißt?"

„Natürlich weiß ich das. Aber können sie auch bezahlen? Und warum kommen sie zu uns? Kennt Mami sie?"

„Sie bekommen Sozialhilfe", sagte James und sah angestrengt auf die Straße. „Du weißt, wie Mami ist, sie glaubt jede Geschichte, die man ihr erzählt. Ich bin gespannt, was Paps sagen wird, wenn er heimkommt."

„Das kann ja heiter werden", sagte ich mit klappernden Zähnen.

Es war nicht mehr weit bis nach Hause. Ich sah bereits die verschneiten Koppeln und den Dorfteich, der im Mondlicht verträumt dalag. Die Bäume, die mir so vertraut waren, erschienen mir mit ihren schneebeladenen Ästen fast geisterhaft.

In diesem Augenblick liebte ich mein Zuhause mehr denn je. Es war das einzige, wonach ich mich jetzt sehnte — nach der warmen Küche, dem Duft frischgekochten Essens und nach meinem Bett.

Lisa war noch im Stall beschäftigt. „Gleich hab' ich es geschafft", rief sie uns zu. „Ich habe die Pferde versorgt. Geht ins Haus, ich brauche euch nicht", rief sie uns zu.

James brachte den Landrover zum Stehen. Die Pferde ließen sich auf unsicheren Beinen aus dem Transporter führen. Ihr Fell war naß, aber ihre Augen glänzten erwartungsvoll, als sie den vertrauten Hof sahen. In ihren Boxen wartete frische Streu und eine große Portion Hafer auf sie. Die Wassereimer waren voll gefüllt.

„Geht nur!" rief Lisa wieder. „Ich schaffe es auch allein. Geht und wärmt euch auf!"

„Ich kümmere mich auch um sie!" rief ich und führte Bronco in seine Box. Sorgfältig rieben wir die Pferde trocken.

James koppelte den Transporter ab. Ich zitterte vor Kälte und Erschöpfung. Da hörte ich die Hunde bellen, und eine fremde Stimme rief: „Ruhe! Seid still! Ich bitte euch, Ruhe!" Dann weinte irgendwo ein Baby.

Mrs. Mills öffnete die Haustür und rief: „Bist du's, Harriet? Komm schnell herein, mein Kind. Du mußt ja halb erfroren sein."

Mit zitternden Knien ging ich aus dem Stall und hörte hinter mir, wie Lisa rief: „Brav, Bronco! Guter Bronco!" Und es klang ganz so, als sagte sie das jeden Tag zu ihm. Dann hörte ich, wie James den Landrover in die Garage fuhr.

Weihnachten

Unser neuer Logiergast hieß Mrs. Cutting. Sie hatte fünf Kinder und einen kleinen zottigen Hund namens Trixi sowie einen größeren, der Spot hieß. Mrs. Mills stellte mich ihr vor, aber ich war zu müde, um viel zu sagen.

„Schön, dich kennenzulernen", sagte Mrs. Cutting, die kaum größer war als Lisa. Leicht ergrautes Haar umrahmte ihr Gesicht. Sie war höchstens vierzig, sah aber älter aus. Fortwährend rief sie den Hunden zu: „Runter vom Stuhl, Trixie! Du bist hier nicht daheim." Und: „Platz, Spot!" Wenn sie nicht gerade mit den Hunden schimpfte, dann rief sie ihren Kindern etwas zu.

Ich fragte mich, wie lange Oberst Hunter und Paps das Geschrei aushalten würden. Mrs. Mills drückte mir eine Tasse heißen Tee in die Hand. Allmählich wurden meine Füße wieder warm.

James hatte begonnen, den Weihnachtsbaum zu schmücken. Wir hatten viele Weihnachtskarten bekommen, unter ihnen auch eine von einem unserer früheren Gäste, Kapitän Crowley. Ich konnte es kaum glauben, daß Weihnachten vor der Tür stand. Meine Gedanken wanderten wieder zu Bronco, und ich dachte, daß vielleicht doch noch alles gut werden würde.

„Wo ist Harriet? Ist sie in Ordnung?" hörte ich meine Mutter rufen.

„Ja, ich bin hier. Es geht mir gut", erwiderte ich.

„Sie wollten Ben über Nacht in der Klinik behalten",

sagte Mami und sah mich forschend an. „Fehlt dir wirklich nichts?"
„Nein."
„Wie habt ihr es geschafft, die Pferde heimzubringen?" wollte sie wissen. „Hat James den Stallhelfer mitgenommen?"
„Oh, das ist eine lange Geschichte", erwiderte ich ausweichend, denn ich wollte James nicht in Schwierigkeiten bringen. „Wie geht es Ben?" fragte ich rasch.
„Sie haben ihm den Arm eingegipst. Er mußte noch auf den Chefarzt warten. Es ist ein komplizierter Bruch", sagte Mami. „Aber es wird wieder werden. Warum seid ihr mit Bronco nicht auf dem Hof geblieben?" fragte sie streng.
„Was meinst du?" fragte ich, um Zeit zu gewinnen.
„Zu spät fortzureiten und niemandem ein Wort zu sagen! Du bist doch sonst so vernünftig!"
„Ach, das ist eine lange Geschichte", sagte ich wieder.
„Er kann wohl nicht bei uns bleiben", meinte Mami.
„Wer?"
„Bronco. Ihr könnt ihn nicht behalten. Er ist zu schwierig für euch", sagte sie.
„Aber es war ganz allein unsere Schuld", rief ich. „Wir haben zu überstürzt gehandelt. Wir haben ihm keine Zeit gelassen. Er kann nichts dafür. Doch zum Glück ist ihm nichts passiert. Er ist ein wunderbares Pferd, glaub mir, Mami!"
„Allein kommt ihr aber nicht mit ihm zurecht", sagte sie. „Und Ben kann euch in der nächsten Zeit nicht helfen. Ihr könnt ihn nicht behalten."
„Aber er muß nicht vor Weihnachten fort?" fragte ich

entsetzt.

„Warum nicht? Du mußt Mrs. Nuttal anrufen." Mami tat, als hätte sie mir nicht zugehört. „Du mußt sie bitten, ihn wieder abzuholen. Ihr dürft kein Geld von ihr verlangen, sie soll ihn nur abholen. Er muß von Fachleuten betreut werden."

„Ich kann nicht", sagte ich. „Das kann ich ihr nicht sagen. Schon auf dem Weg zum Telefon breche ich zusammen. Außerdem hat Ben auch ein Wörtchen mitzureden. Er hat sich zwar den Arm gebrochen, aber er wird trotzdem nicht so rasch aufgeben. Bitte, Mami!"

„Gut, dann warten wir bis morgen früh", sagte Mami nach einer kurzen Pause. „Bis dahin hast du dich wieder gefaßt."

„Ich warte, bis Ben zurück ist", sagte ich. „Er weiß am besten, was wir tun sollen."

Es war schon ziemlich spät, und noch niemand hatte zu Abend gegessen. Oberst Hunter saß im Speisezimmer und hustete hin und wieder, um auf sich aufmerksam zu machen.

Mami grillte Lammkoteletts, während Mrs. Mills Kartoffeln aufsetzte und Mrs. Cutting sagte: „Ich möchte lieber in der Küche essen. Die Kinder können ihre Marmeladenbrote essen." Sie hatte Dosen mit Hundefutter mitgebracht, einen Nachttopf, Babykleidung und Lätzchen.

„Wie heißen Ihre Kinder?" fragte ich sie.

„Millie, Pete, Jimmy und George. Das Baby heißt Samantha. Ist das nicht ein hübscher Name?"

„Ja, wunderschön", sagte ich. Ich hatte mir inzwischen trockene Jeans und einen Pulli angezogen, und nach vielen Stunden war mir zum erstenmal wieder warm. Ich sah auch alles wieder in einem anderen Licht. Mir schien plötzlich alles ein Alptraum zu sein, aus dem ich soeben erwacht war.

Es hatte zu schneien aufgehört, am Himmel stand ein prachtvoller Mond.

„Den Pferden geht es gut", sagte Lisa, als sie in mein Zimmer trat. „Stell dir vor, ich bin ganz nahe bei Bronco gewesen. Er ist völlig ruhig! Soll ich es dir vorführen? Er ist ganz sanft!"

„Nicht nötig", wehrte ich ab. „Sag bloß kein Wort zu Mami."

„Ich habe mich in der Box neben ihn gesetzt. Und er hat es sich gefallen lassen. Er hat an meinen Beinen geschnuppert. Es war ganz einfach."

„Das kommt nur daher, daß er völlig erschöpft ist", sagte ich. „Morgen ist alles wieder anders."

„Glaubst du noch immer, daß sie ihn wieder abholen werden?" fragte Lisa.

„Ich hoffe, ich kann es verhindern", erwiderte ich.

„Er ist so schön. Wir müssen ihn Prinz nennen, wenn er bei uns bleibt und Vertrauen faßt. Dann paßt Bronco nicht mehr zu ihm."

„Bis dahin dauert's noch", sagte ich.

„Aber eines Tages wird er sich an uns gewöhnen", fuhr Lisa fort, und ihre dunklen Augen sahen mich zuversichtlich an.

„Hoffentlich..."

Das Abendessen war noch immer nicht fertig. Mrs. Cutting redete ununterbrochen, und Oberst Hunter läutete immer wieder mit der kleinen Tischglocke im

Speisezimmer und verlangte Senf oder etwas anderes zu seinem Essen.

Ich wünschte, Ben wäre dagewesen. Paps kam erst spät nach Hause, und ich überließ es Mami, ihm alles zu erzählen. Später setzte sich mein Vater jedoch an mein Bett und sagte: „Harriet, wenn du nicht mehr Verantwortungsgefühl zeigst, müssen wir die Pferde wieder hergeben. Du hast dich nicht an unsere Abmachung gehalten, nicht wahr? Du hast es nicht nötig gefunden, uns zu sagen, wohin ihr geht. Das hättest du tun müssen. Pferde sind lebende Wesen, für die ihr die Verantwortung habt. Ich habe gedacht, daß ich mich auf euch verlassen könnte. Es hätte euch ernsthaft etwas zustoßen können, und wir würden dann noch immer nach euch suchen. Jetzt erzähl mir der Reihe nach, wie sich alles zugetragen hat."

Ich erzählte ihm alles von Anfang an bis zu meinem Telefonanruf.

„Und wie bist du nach Hause gekommen?" wollte Paps wissen. „Das hast du mir noch nicht erzählt."

„Ich sage es dir nur, wenn du mir versprichst, daß du nicht böse sein wirst."

„Auf wen?"

„Auf keinen von uns."

„Abgemacht."

So erzählte ich ihm, wie mich James mit dem Stallhelfer abgeholt hatte.

„Unter diesen Umständen kann ich ihm keinen Vorwurf machen. Ich hätte an seiner Stelle genauso gehandelt. Aber so etwas darf nicht wieder vorkommen. Siehst du das ein? James hat doch keinen Versicherungsschutz, auch wenn er den Landrover fahren kann. Stell dir vor, was passieren hätte können, und noch dazu mit zwei Pferden im Transporter. Ich muß mich in Zukunft mehr um euch alle kümmern!"

„Ja, aber ich hatte ihn gebeten, mich zu holen", sagte ich. „Was geschieht jetzt mit Bronco? Dürfen wir ihn weiter betreuen?"

„Laß uns nach Weihnachten darüber reden. Ich will das im Augenblick nicht entscheiden. Und du sollst dir jetzt keine Sorgen machen — während der Weihnachtsfeiertage", meinte Paps und gab mir einen Gutenachtkuß. Dann kam Mami in mein Zimmer und umarmte mich. „Schlaf gut, mein Liebling. Morgen kannst du ausschlafen. Ich habe gerade mit dem Krankenhaus telefoniert. Ben geht es gut. Wir brauchen uns seinetwegen nicht zu sorgen. Aber bitte mach jetzt keine Dummheiten, damit du uns nicht das Weihnachtsfest verdirbst!"

„Was ist mit den Cuttings?" erkundigte ich mich.

„Mit denen geht alles in Ordnung. Ich fülle gerade ihre Weihnachtsstrümpfe", sagte Mami und küßte mich. Bald darauf fiel ich in einen tiefen, traumlosen Schlaf.

Ich erwachte erst spät am Morgen. Mein erster Gang war zum Pferdestall. Lorraine und Bronco standen ganz ruhig in ihren Boxen. Sie wieherten mir zur Begrüßung leise zu. Ich untersuchte noch einmal ihre Beine, ob sie sich Kratzer oder Schürfwunden zugezogen hatten, konnte jedoch nichts entdecken. Dann kam Mike, einer unserer guten Freunde, der uns immer im Stall half. Er wollte ausmisten. Mike hat feuerrotes Haar und das Gesicht voller Sommersprossen. Er ist stark wie ein Bär, nicht besonders klug, aber dafür sehr hilfsbereit und ein richtiger Pferdenarr. Er ist fast sechzehn und hat eine Freundin namens Karen. Sie wohnt im Dorf, weshalb wir Mike nur selten zu Gesicht bekommen. Er ist bald mit der Schule fertig und wird dann auf dem benachbarten Hof arbeiten, wo er schon seit mehr als einem Jahr aushilft. Heute jedoch wollte er unbedingt mir helfen. „Weil Ben nicht da ist", sagte er mit einem breiten Grinsen. „Und außerdem ist bald Weihnachten. Ich habe gehört, du hast ganz schöne Aufregungen gehabt. Was war eigentlich los?"

Während ich ihm alles erzählte, kam die Sonne hinter den Wolken hervor, der Schnee blitzte in der Sonne.

Später fuhr ich mit Mami zum Einkaufen. Ich suchte für sie einen Lippenstift und ein Comicbuch über Weihnachten aus. Für Paps besorgte ich eine Schachtel Zigarren und für Mrs. Mills ein Taschenmesser. Meinen Brüdern und Lisa hatte ich schon früher Bücher gekauft; Oberst Hunter wollte ich einen Kalender mit Bildern von Indien schenken.

Mami besorgte ein paar Geschenke für die Cuttings und viele Kleinigkeiten, die sie in die Weihnachtsstrümpfe stecken wollte. Sie wirkte müde und abgespannt. Als wir mit den Einkäufen fertig waren, fuhren wir zum Krankenhaus, um Ben abzuholen. Er wartete bereits auf uns. Erwartungsvoll saß er da, mit einem riesigen Gipsverband.

„Da seid ihr ja endlich!" rief er. „Ich warte schon eine Ewigkeit auf euch! Wie geht es Bronco? Ist er gesund?"

Ich erzählte nun bereits zum dritten Mal die ganze Geschichte.

Die Sonne schien noch immer, und ich konnte mir nicht vorstellen, daß morgen Weihnachten sein sollte.

„Wie sollen wir es jetzt schaffen?" fragte Ben, als ich zu Ende erzählt hatte.

„Was meinst du?" fragte ich.

„Ich meine, ohne mich."

„Dann werde ich ihn reiten", sagte ich.

„Nein, das wirst du nicht tun. Wir behalten ihn nicht", mischte Mami sich rasch in unser Gespräch ein. „Sobald die Feiertage vorüber sind, kommt er wieder zu seiner Besitzerin!"

„Es bleiben uns also nur noch drei Tage", sagte ich.

„Du wirst ihn auf keinen Fall reiten", erklärte Ben. „Wenn er sich so aufführt wie gestern, ist es ein Risiko. Wir hätten ihn länger longieren sollen!"

„Aber er hatte Angst", wandte ich ein. „Wenn er keine Angst hat, dann sträubt er sich auch nicht."

„Es ist zuviel für euch", wiederholte Mami.

Ben sagte: „Du hast schon mit den anderen Pferden genug Arbeit, wenn ich ausfalle."

„Mike und Lisa werden mir helfen", sagte ich.

„In zwei Wochen fängt die Schule wieder an", erinnerte Mami uns.

„Bis dahin kann eine Menge geschehen!"

„Zu Hause angekommen, sah ich schon von weitem Broncos schönen Kopf aus der Boxhalbtür schauen. Lisa zeigte den Cutting-Kindern Limpet und Jigsaw und sagte zu ihnen: „Nach Weihnachten bringe ich euch das Reiten bei. Das verspreche ich euch."

Der Himmel war noch immer von einem strahlenden Blau. Ich gab Lorraine und Bronco ein großes Stück

Pferdezucker, den ich fast immer bei mir trage. Ben sah mir zu und sagte: „Ist er nicht prächtig? Ein Traum von einem Pferd. Es wäre schade, wenn wir ihn wieder hergeben müßten!"

„Das wird nicht geschehen", widersprach ich ihm. „Lisa hat sich gestern abend in seine Box gesetzt, und er hat es sich gefallen lassen."

„Was, in die Box? Ist sie wahnsinnig?" entrüstete sich Ben. „Na, warte, ich werde sie mir vorknöpfen. Stell dir vor, er hätte sie gegen die Wand drücken können! Sie hat sicher gar nicht darüber nachgedacht!"

„Mami weiß nichts davon", sagte ich. „Behalte es für dich, Ben. Aber nun erzähl endlich, wie es dir gestern gegangen ist."

„Ich habe einen Landrover angehalten, weil der bei solchen Straßenverhältnissen ziemlich sicher ist. Und der Typ hat mich bis vor die Haustür gebracht, war ein netter Kerl. Er machte sich auch Sorgen um dich. Aber ich sagte, du seist wie eine Katze, die immer wieder auf die Pfoten fällt!" Ben lächelte mich an. „Ich war ganz sicher, daß dir jemand helfen würde!"

„Ja, wir haben Glück gehabt", sagte ich.

Es war Essenszeit. Ich aß mit den Cuttings in der Küche, denn ich hatte keine Lust, mir lange die Haare zu kämmen, und Mami erlaubt es nicht, daß man sich zum Essen ins Speisezimmer setzt, wenn man nicht „anständig" aussieht. Ausnahmsweise saßen James und Ben da, weil ihnen das Gerede der Cuttings auf die Nerven ging.

Nach dem Essen setzte ich den Punsch an. Später ging ich mit Lisa zum Stall und setzte meine Reitkappe auf. „Komm, wir wollen Bronco longieren. Später hältst du ihn, während ich aufsitze", sagte ich.

Wir zäumten ihn auf und befestigten die Longe. Dann begann ich ihn sanft zu longieren. Und Bronco folgte meinen Befehlen. Er war ganz ruhig, die Longe schien ihm bekannt zu sein. Das hatten wir schon vorher gemerkt.

„Wir sollten ihn wirklich Prinz nennen", sagte Lisa wieder.

Dann kam der Augenblick des Aufsitzens. Ich versuchte, ganz ruhig zu bleiben, weil Pferde es spüren, wenn man Angst hat. Während ich in den Steigbügel stieg, lenkte Lisa den Wallach mit einem Stück Pferdezucker ab. Obwohl er unruhig wurde, als ich mich sanft in den Sattel setzte, zitterte er nicht. Er hatte einen wunderbar gebogenen Hals, seine Ohren waren aufmerksam, und meine Beine lagen jetzt sicher und fest am Sattel an.

„Willst du schon Schritt gehen?" fragte Lisa, und in ihrer Stimme war Angst.

„Nein, noch nicht", erwiderte ich. Ich klopfte Broncos Hals und redete mit sanfter Stimme auf ihn ein. „Nur drei Schritte", sagte ich endlich. „Und du gibst ihm dabei immer wieder ein Stück Pferdezucker!" Wir setzten uns langsam in Bewegung. Lisa war klein neben dem großen Pferd. Im Hintergrund sah ich Mike stehen, das beruhigte mich. Mike verstand eine Menge von Pferden. Wir machten drei Runden im kleinen Paddock, und ich spürte, daß Broncos Körper unter mir ganz ruhig war.

„Wir sollten jetzt aufhören", sagte Lisa. „Stell dir vor, uns sieht jemand. Es ist auch genug!"

„Keine Sorge, sie sind alle mit den Weihnachtsvorbereitungen beschäftigt."

Ich stieg ab und führte Bronco noch etwas im Schritt. Ich klopfte seinen Hals und redete zu ihm.

„Jetzt werden sie ihn doch nicht wieder abholen?" fragte Lisa, die sich wieder beruhigt hatte.

„Ich glaube nicht", sagte ich. „Ich bin sicher, er wird noch lange bei uns bleiben!"

Wir kehrten zum Stall zurück und nahmen Bronco Sattel und Zaumzeug ab. Dann war es Zeit für die Abendfütterung.

„Warum hat er Ben abgeworfen?" wollte Lisa wissen.

„Weil wir ihn zu sehr gedrängt haben, und weil sich die Steigbügel verhakt haben und er dann Angst bekam. Lorraine wurde auch unruhig, und so sind beide davongeprescht. Bronco hatte Lorraine schon vorher mit seiner Unruhe angesteckt!"

Wir versorgten auch die anderen Pferde. Als wir damit fertig waren, brach bereits die Dämmerung herein. Ich war voller Hoffnung, daß ich eines Tages auf Bronco durch die verschneite Winterlandschaft reiten würde. Ich glaubte allmählich, daß dieses Pferd gar nicht schwierig war. Man mußte sich Zeit für ihn nehmen!

„Erzähl es niemandem", sagte ich zu Lisa. „Sie brauchen es nicht zu wissen. Bald geben wir ihnen eine Vorstellung. Die werden Augen machen!"

Ich blieb vor dem Gartentor stehen und klopfte auf Holz, denn ich war abergläubisch. Da hörten wir, wie James „Es gibt Tee!" rief.

Paps war bereits zu Hause.

Nur noch eine Nacht, und dann war endlich Weihnachten.

Ein Telefonanruf

Weihnachten war wunderschön gewesen. Mein Strumpf war mit lauter nützlichen und schönen Dingen, wie einem Kugelschreiber, Haarshampoo, Schokolade und einer Anstecknadel mit einem Pferdekopf, gefüllt gewesen.

Mrs. Cutting stand in aller Frühe auf und brachte uns Tee ans Bett, während Mrs. Mills den Kaffee zubereitete und die Tische für das Frühstück deckte. Später gingen wir in die Kirche. Ich war lange nicht mehr in der Kirche gewesen und fühlte mich ziemlich unsicher. Mike sang aus vollem Hals, und Oberst Hunter kannte jeden und war bester Stimmung.

Zu Hause packten wir unsere Geschenke aus. Von meinen Eltern hatte ich einen Reitmantel bekommen und eine Menge schöner Geschenke von den anderen.

Wegen der Cuttings gab es das Weihnachtsessen nicht abends, sondern zu Mittag. Anschließend schlichen Lisa und ich aus dem Haus, um Bronco zu führen. Anfangs führte Lisa, aber nach zehn Minuten hörten wir mit dem Longieren auf, und ich ritt allein weiter. Langsam und vorsichtig parierte ich Bronco zum Schritt durch, und er gehorchte. Beim Anreiten war er unruhig, beruhigte sich aber bald wieder. Schließlich fanden wir, daß er für heute genug getan hatte, und führten ihn in seine Box. Wir wollten uns nicht allzu sehr über unseren Erfolg freuen, denn wie es so schön heißt: Übermut tut selten gut. Aber wir waren sehr froh und voller Zuversicht.

„Prima!" rief Lisa. „Jetzt wird man ihn nicht so bald wieder abholen. Wir haben ihn schon richtig bewegen können. Er ist nicht mehr so unruhig wie am Anfang!"

„Freu dich nicht zu früh", warnte ich sie.

„Warum war er eigentlich die ganze Zeit so widerspenstig?" wollte Lisa wissen. „Was war geschehen, bevor er zu uns kam? Wodurch wurde er so wild? Hat seine Besitzerin das nicht erzählt?"

„Ich weiß es nicht. Eines Tages werden wir es aber erfahren", erwiderte ich.

„Mrs. Nuttal wird Augen machen, meinst du nicht?" sagte Lisa. „Wann wirst du es ihr erzählen?"

„Nicht, solange wir nicht ganz sicher sind", sagte ich.

„Warum hat sie noch nicht angerufen?" wunderte sich Lisa. „Wenn Sie ihn wirklich gern hätte, hätte sie sich längst gemeldet."

„Sie ist wahrscheinlich noch verreist!" erklärte ich. „Aber ich verstehe das auch nicht."

„Armer Ben! Jetzt kann er nicht mehr mitmachen", meinte Lisa. „Er hätte Bronco so gerne geritten!"

„Er kann uns Ratschläge geben", sagte ich. „Dieses Weihnachtsfest war wirklich wie verhext."

„Und jetzt ist es fast vorüber", stellte Lisa fest. „Mami sagte, daß sich noch mehr Gäste angesagt haben. Ein Ehepaar, das gern wandert. Sie sagte, die Leute heißen Trippet."

Am zweiten Weihnachtstag schien die Sonne. Mike und Lisa halfen im Stall beim Ausmisten und Füttern. Die älteren Cutting-Kinder hielten sich die ganze Zeit in unserer Nähe auf und standen uns oft im Weg. Dann zäumte ich mit Lisas Hilfe Bronco auf, um ihn zu longieren. Später saß ich auf und ritt ihn ganz allein, während Lisa ins Haus ging, um Mami und Paps zu holen.

Bronco war lebhaft und sehr nervös. Spot rannte bellend im Paddock herum, was Bronco noch unruhiger machte. Die Geschwister Cutting schauten uns bonbonlutschend zu; das Bonbonpapier warfen sie einfach auf den aufgeweichten Boden des Paddocks. Ich fragte mich, was Ben sagen würde, wenn er mich jetzt in Broncos Sattel sehen könnte. Vielleicht würde er sich ärgern oder aber auch freuen. Er hatte fast die ganzen Feiertage im Bett verbracht. Mami sagte, er hätte noch immer einen Schock.

Lisa kam auf mich zugerannt und rief: „Sie kommen!" Bronco legte die Ohren zurück und stieg.

„Oh, Harriet, ich habe dir doch ausdrücklich verboten, auf Bronco zu reiten", rief Mami. „Warum hörst du nicht auf mich?"

„Wie kann man so eigensinnig sein", begann Paps.

„Aber er ist doch ganz ruhig", rief ich. „Schaut nur!"

Ich ging mit Bronco im Schritt um das Rund der Paddocks. Paps sagte: „Wie hast du das geschafft?"

„Ich weiß es nicht. Er hat Vertrauen zu mir." Ich war froh und sehr glücklich, denn ich begann zu erreichen, was ich mir vorgenommen hatte: das Vertrauen dieses Pferdes zu gewinnen.

„Alle Achtung, Harriet, das hätte ich dir nicht zugetraut", rief Paps.

Ben stand hinter ihm, sagte aber nichts. Und ich wußte auch nicht, was ich ihm sagen sollte.

„Sehr gut! Wann wirst du Mrs. Nuttal anrufen und ihr die Freudenbotschaft mitteilen?" wollte Mami wissen.

„Erst wenn wir ganz sicher sind", erwiderte ich. „Zuerst möchte ich noch weiter mit ihm trainieren. Langsam, ganz ruhig!"

Ben stand noch immer schweigend da.

„Wenn du das vorhast, dann reite bitte nicht allein und sag uns vorher Bescheid", flehte Mami mich an.

„Versprochen", rief ich.

„Er ist wirklich ein prächtiges Pferd", meinte Paps. „Na, er ist ja auch ganz schön wertvoll." Dann ging er ins Haus zurück, und ich stieg ab.

„Morgen reite ich ihn wieder", sagte ich zu Lisa.

„Ich kann es noch immer nicht fassen, daß alles so klappt", sagte sie leise und streichelte Broncos Hals.

„Übrigens, Mrs. Mills verläßt uns morgen. Ihre Tochter ist nach England zurückgekehrt, und die beiden werden zusammenziehen. Sie wird uns fehlen", sagte Mami.

„Ja, ganz bestimmt", pflichtete Lisa ihr bei und bekam sofort feuchte Augen. „Wer wird unsere Socken stopfen, wenn sie fort ist? Oder mit mir Monopoly spielen? Warum bleibt sie nicht hier?"

„Weil sie mit ihren Enkelkindern zusammenleben möchte", erklärte Mami. „Das ist doch ganz natürlich."

„Für sie vielleicht, nicht aber für mich", meinte Lisa.

„Gratuliere, Harriet", sagte Ben plötzlich und lächelte mich an. „Wie hast du das gemacht?"

„Ich weiß es selbst nicht. Ich glaube, Bronco hat begriffen, daß wir ihm nichts tun. Er faßt allmählich Vertrauen!"

„Ich glaube, er hat etwas gegen Männer", sagte Lisa.

„Das kann durchaus sein", stellte Ben fest.

„Hast du Schmerzen?" erkundigte ich mich. „Ben, es tut mir leid, daß du ihn nicht reiten kannst. Irgendwie finde ich das unfair."

„Nein, ich habe keine Schmerzen. Ich glaube, du bist besser geeignet für Bronco. Ihr versteht euch besser. Mir ist ein robusteres Pferd lieber, eins, das weniger schreckhaft ist. Ich mag Pferde, mit denen man durch dick und dünn gehen kann. Ich bin nicht so geduldig wie du."

„Mag sein", sagte ich. „Aber du bist sattelfester und mutiger."

Die nächsten Tage vergingen wie im Flug. Ich ritt Bronco jeden Nachmittag, während die anderen Pferde jetzt auf die Koppel kamen. Mit Ausnahme von Lorraine, denn Lisa begleitete mich mit ihr. Lisa hatte für ihr Alter einen sehr guten Sitz.

Mrs. Mills reiste ab. Lisa weinte beim Abschied, und wir alle wußten, daß wir die alte Dame vermissen würden. Die Cuttings fanden schließlich mit Hilfe der Kirche ein Haus, das sie beziehen konnten. Und dann hielten die Trippets bei uns Einzug. Mr. Trippet hatte einen schmalen Schnurrbart und trug eine Brille. Seine Frau hatte langes, dunkles Haar, das wie ein Vorhang ihr Gesicht umrahmte. Mami sagte, Mr. Trippet sei Schriftsteller, Paps dagegen behauptete, beide seien im Filmgeschäft tätig, aber sicher waren sich beide nicht. Lisa fand, sie sähen aus wie Spione, und James erklärte, Mr. Trippet wäre Pyromane und würde eines Nachts bei Vollmond unser Haus in Brand stecken. Ben sagte, er sei ganz sicher, daß die beiden nachts in ihrem Zimmer

Hasch rauchten, und Oberst Hunter meinte, Mr. Trippet sei alles andere als ein Gentleman.

Nach ein paar Tagen begannen sie sich für die Pferde zu interessieren. Sie kamen ständig zu uns in den Stall, wo sie uns mit Fragen nervten wie: „Warum streut ihr kein Sägemehl in die Boxen?" oder „Warum schert ihr ihnen nicht vor dem Frühjahr das Fell?" Dann fing Mr. Trippet an über Bronco zu reden. „Er ist genau das Pferd, das sich für Filme eignet", sagte er. „Das rotbraune Fell und die helle Mähne machen sich auf der Leinwand besonders gut. Und dann dieser stolze Gang! Wollt ihr ihn nicht verkaufen? Ich könnte sicher einen guten Preis für euch aushandeln."

Schließlich mußte ich damit herausrücken, daß Bronco nicht uns gehörte, was zur Folge hatte, daß Trippet uns mit weiteren Fragen beglückte.

Ich hatte gleich nach Weihnachten an Mrs. Nuttal eine Postkarte geschickt: *Alles in bester Ordnung. Ich reite jetzt Hillingdon Prinz. Es wäre schön, wenn Sie bald kämen, um ihn sich anzusehen.*

Daraufhin erhielten wir eine Karte, auf der nur stand: *Sehr gut! Ich rufe Euch an!*

Ich sagte zu Mr. Trippet: „Er gehört einer gewissen Mrs. Nuttal, aber sie wird ihn nicht verkaufen."

„Wo wohnt sie?" wollte er wissen.

„In Middlesex", erwiderte ich zögernd. Irgend etwas an diesem Mann machte mich mißtrauisch und erfüllte mich mit Unbehagen.

Ich erzählte Paps davon, aber er sagte nur: „Sieh mal, Harriet, das Pferd gehört Mrs Nuttal, und wenn Mr. Trippet ihr ein Angebot machen will, dann können wir das nicht verhindern. Habe ich recht? Und wie willst du wissen, ob Mrs. Nuttal ihn nicht für zweitausend Pfund hergeben würde? Also, sei vernünftig, Liebes."

„Aber er soll nicht so bald wieder den Stall wechseln. Das wäre nicht gut für ihn. Er muß sich erst einmal richtig hier eingewöhnen", sagte ich. „Er befindet sich gerade in einer sehr wichtigen Anpassungsphase. Er faßt gerade Vertrauen!"

„Um ehrlich zu sein, ich glaube nicht, daß Mr. Trippet in der Sache etwas unternehmen wird — das ist reine Wichtigtuerei bei ihm", sagte Paps. „Er interessiert sich für eine Menge Dinge. So möchte er zum Beispiel den türkischen Teppich in unserem Wohnzimmer und Mamis chinesische Porzellanfiguren kaufen. Er hat eine Vorliebe für schnelle Geschäfte. Ich habe gehört, daß er auch hinter einer alten Eichentruhe her ist."

„Chinesisches Porzellan und Eichentruhen sind aber keine Lebewesen", entgegnete ich mit wachsender Besorgnis. „Warum nehmen wir eigentlich so unangenehme Gäste bei uns auf?"

„Sie sind nicht unangenehm. Sie wollen bei uns Ferien machen. Trippet liebt schnelle Geschäfte!" erwiderte Paps. „Er war auch bei dem Bauern nebenan und hat ihm dreihundert Pfund für eine alte Pferdekutsche angeboten. Er sammelt alles mögliche."

„Alles mögliche", sagte ich nachdenklich. „Aber von Bronco soll er gefälligst die Finger lassen, dieser Mistkerl!"

Von nun an hielt sich Mr. Trippet oft in Broncos Nähe auf und fragte in einem fort: „Kann ich ihn mal galoppieren sehen?" oder „Springt er auch?" Ich weigerte mich, seine Fragen zu beantworten.

Das neue Jahr hatte begonnen, und ich fand es an der Zeit, Mrs. Nuttal anzurufen, um sie zu bitten, zu uns zu kommen. Schließlich war es ihr Pferd, und ich begann, mir um Bronco Sorgen zu machen.

Ben sagte: „Du bist verrückt, Harriet. Wenn wir anderer Leute Pferde aufnehmen, können wir uns keine Sentimentalität leisten. Die Tiere kommen und gehen, und du mußt dich daran gewöhnen, daß sie dir nicht gehören!"

„Aber Bronco ist ein ganz besonderes Pferd..."

„Für dich sind doch alle ganz besondere Pferde", sagte Ben.

Aber da täuschte er sich. Für mich war Bronco viel mehr als ein gewöhnliches Pferd. Das kann nur ein richtiger Pferdeliebhaber verstehen. Ich habe nicht ein einziges Mal die Gerte gebraucht, ich habe ihn nie zu etwas gezwungen. Wir haben uns einfach geeinigt. Der Gedanke, daß ihn jemand reiten würde, ohne ihn zu kennen, war mir unerträglich.

Die Trippets waren ständig unterwegs. Sie kamen mit Sachen beladen zurück, die sie in ihrem Zimmer ausbreiteten. Einmal brachten sie ein hölzernes Schaukelpferd mit, dann einen alten Zinnkrug. James sprach von „Beutezügen" und verglich sie mit Jagdhunden, die durch die Wälder streifen.

Eines Abends — es war gegen Ende der Weihnachtsferien — saßen wir alle in der Küche und unterhielten uns über unsere Gäste.

„Es gibt Leute, die können es nicht lassen, ständig um etwas zu feilschen", sagte Paps. „Es ist wie ein Zwang, dem sie sich nicht entziehen können. Und dann sehen sie nur noch darin den Sinn ihres Lebens. Meines Erachtens trifft das auch für die Trippets zu. Sie sind ständig auf der Suche nach etwas. In ihrem Zimmer stapeln sich Sammlerzeitschriften mit Kaufangeboten. Manchmal glaube ich fast, daß ich auch so sein könnte." Er lachte amüsiert.

„Ich habe gehört, wie Mr. Trippet gestern mit einer Filmgesellschaft telefoniert hat", sagte Lisa. „Nicht alles, nur den Anfang, habe ich gehört. Ich wollte schließlich nicht lauschen."

Mein Herzschlag setzte ein paar Sekunden lang aus. Ich fühlte, daß ich blaß wurde. „Hat er von einem Pferd gesprochen?" fragte ich.

„Ja", erwiderte Lisa und schneuzte sich. „Ich wollte es dir eigentlich nicht sagen. Er sagte, er hätte ein Traumpferd entdeckt, das genau für die Rolle passe. Aber möchtest du nicht, daß Bronco berühmt wird?"

„Hat er auch von Geld gesprochen?" fragte ich und ahnte schon die Antwort.

„Ja, er sagte so etwas von zweitausendfünfhundert Pfund."

Mir entschlüpfte ein ganz bestimmtes Wort, das mir verboten war.

„Ich habe gehört, wie er sagte: „Wenn Sie mit ihm den Film gedreht haben, ist er doppelt soviel wert!" fuhr Lisa fort.

„Ich würde sagen, du hast das ganze Telefonat belauscht", erklärte Paps.

„Ja", gab Lisa zu und wurde rot.

In diesem Augenblick ertönte Mamis Stimme: „Telefon! Für dich, Harriet!"

„Wer ist es?" fragte ich, aber auf dem Weg ins Wohnzimmer wußte ich bereits, wer es war. Mit zitternder Hand nahm ich den Hörer.

„Hier ist Jean Nuttal", meldete sich die Stimme am anderen Ende der Leitung, und ich wußte, daß für Bronco die Würfel gefallen waren.

„Ich wollte dir mitteilen, daß ich Hillingdon Prinz verkauft habe", fuhr sie fort. „An eine Filmgesellschaft. Sie haben mir ein sehr gutes Angebot gemacht, das ich einfach nicht abschlagen konnte. Ich habe es euch zu verdanken, denn bei euch wohnt der Vermittler. Und ihr habt dieses Wunder mit Prinz vollbracht. Dafür möchte ich euch sehr, sehr danken. Seid ihr mit hundert Pfund einverstanden? Morgen kommt ein Transporter, um Prinz abzuholen. Das geht doch in Ordnung, oder?

Ich wollte „nein" brüllen, aber ich sagte erstickt: „Ich weiß nicht, ob er schon soweit ist. Er ist noch immer sehr nervös."

Mach dir keine Sorgen. Ich habe ihnen das bereits erklärt. Sie haben ein paar erfahrene Leute, die ihn reiten werden. Auf wen soll ich den Scheck ausstellen? Vergiß nicht, um zehn kommen sie mit dem Transporter", sagte Jean Nuttal abschließend.

Lisas Atem streifte mich am Nacken, sie hatte sich über meine Schulter gebeugt, um alles mithören zu können. Ben stand in der Küchentür, er lauschte ebenfalls.

„Stellen Sie den Scheck einfach auf den ‚Pferdehof zum Schwarzen Pony' aus", sagte ich tonlos.

„In Ordnung", sagte sie. Dann dankte sie mir noch

einmal für meine Mühe und legte auf.

Das Geld war unwichtig. Wichtig war nur noch die Tatsache, daß Hillingdon Prinz uns verlassen würde, obwohl seine Ausbildung noch nicht abgeschlossen war.

„Warum konnte Mrs. Nuttal ihn nicht einfach vermieten? Etwa für fünfzig Pfund die Woche?" fragte ich. „Wie kann man überhaupt ein Pferd einfach so weggeben? Sie hat sich überhaupt nicht um ihn gekümmert!"

„Harriet, es ist schließlich nicht dein Pferd", mischte sich Mami in das Gespräch. „Bronco hat dir nie gehört. Ich bin sicher, daß er ein gutes neues Zuhause bekommen wird."

„Die Ställe einer Filmgesellschaft!" schrie ich.

„Du bist egoistisch, Harriet", sagte James. „Warum sollte Bronco nicht berühmt werden?"

„Jetzt ist er nicht mehr Bronco, er ist wieder Hillingdon Prinz", korrigierte Lisa ihn.

Du wirst ihn im Fernsehen als Traumpferd bewundern können", fuhr James fort. „Er wird überall bekannt werden!"

Da betraten die Trippets die Diele. Als sie uns alle versammelt vorfanden, sagte Mr. Trippet: „Sie haben sicher schon die Sache mit dem Pferd erfahren. Freuen Sie sich? Das habe ich doch großartig gemacht!"

„Ja, ganz unglaublich", sagte Paps und sah mich schnell an. „Wie ist es Ihnen heute ergangen? Waren Sie wieder fündig?"

Mr. Trippets Schnurrbart zuckte, als er sagte: „Ja, ich habe ein paar Nippsachen und einen alten Kohlenkasten entdeckt. Nichts Besonderes, aber ich bin zufrieden.

Mrs. Nuttal möchte sich gern erkenntlich zeigen", sagte er und lächelte mir zu. „Ich finde, du verdienst eine Belohnung. Schließlich hast du das Pferd die ganze Zeit betreut."

„Ben auch", sagte ich. „Aber ich will kein Geld, nein danke!"

„Heute abend sind wir ganz schön hochnäsig", meinte Mrs. Trippet und stieß ihren Mann mit dem Ellbogen an.

Ich rannte in mein Zimmer, um mir dieses Gerede nicht länger anhören zu müssen.

Abschied von Bronco

In dieser Nacht konnte ich lange nicht einschlafen. Der Mond stand hell am Himmel, und jedesmal, wenn ich aufstand und ans Fenster ging, sah ich in seinem milden Schein Broncos Kopf aus der Halbtürbox des Stalles schauen.

Ich starrte an die Decke und sah Bronco vor mir, wie er sich aufbäumte. Wenn sie noch ein paar Tage gewartet hätten, hätte er sich von jedem reiten lassen. Ich bilde mir nicht ein, eine besonders gute Reiterin zu sein, aber immerhin ist es mir gelungen, Broncos Vertrauen zu gewinnen, das ganz rasch wieder zerstört werden konnte.

Schließlich schlief ich doch ein und wachte erst wieder auf, als Lisa an meine Tür kopfte und rief: „Harriet, aufstehen! Es ist schon halb zehn! Der Pferdetransporter muß jeden Augenblick da sein."

Lisa war ebenfalls noch im Schlafanzug. Ich zog mich

rasch an und eilte zu den Pferden im Stall. Sie wieherten und schlugen unruhig mit den Hufen gegen die Boxwand; sie waren hungrig und hatten Durst. Sie wollten auch gestriegelt werden und frische Streu bekommen. Lisa fütterte sie, während ich aus der Küche mehrere Eimer Wasser holte, denn der Brunnen auf dem Hof war noch immer zugefroren. Dann bürstete ich Broncos Fell, während Lisa die Transportbandagen und eine Decke holte.

„Wie konntest du nur so lange schlafen?" sagte sie vorwurfsvoll. „Ich habe mich fest darauf verlassen, daß du mich wecken würdest."

„Da siehst du es wieder, man soll sich nie auf andere verlassen, sondern nur auf sich selbst", erwiderte ich.

„Bist du sauer?" fragte sie.

„Nein, richtig wütend."

In diesem Augenblick fuhr der Pferdetransporter durch das Hoftor, und ich wußte, daß das den Abschied von Bronco — oder besser gesagt von Hillingdon Prinz — bedeutete. Es war das beste Pferd, das ich je geritten hatte.

Ich ging auf das Haus zu und sah, daß die Trippets uns vom Fenster aus beobachteten; ihre Mienen verrieten, daß sie sich zu dem Geschäft, das sie mit Bronco gemacht hatten, beglückwünschten.

Wie ich die beiden haßte!

Der Pferdetransporter war groß und geräumig. Zwei junge Mädchen sprangen aus dem Wagen und riefen: „Bist du Harriet Pemberton? Wir kommen, um Hillingdon Prinz abzuholen." Als hätte ich das nicht erraten können!

„Ich lege ihm nur noch die Transportbandagen an", sagte ich. „Sie gehören uns, und ich bitte Sie, sie uns zurückzuschicken."

Die beiden waren um die zwanzig. Sie gingen auf dem Hof herum und warfen einen neugierigen Blick in die Pferdeboxen, die noch nicht ausgemistet waren und in denen das Heu verstreut herumlag. Es war mir etwas peinlich. Die beiden trugen Kopftücher, alte Tweedjakken und Jeans mit Gummistiefeln.

Ich führte Bronco hinaus in die warme Wintersonne, und eines der beiden Mädchen sagte: „Wir haben eine Decke mitgebracht."

„Er ist sehr nervös", erklärte ich ihnen. „Er braucht Zeit, bis er sich an jemanden gewöhnt."

„Mach dir keine Sorgen um ihn, wir kennen uns mit Pferden aus. Übrigens, ich heiße Janet", sagte die Größere.

Bronco sträubte sich gegen die Decke. Schließlich schickte ich die Mädchen fort. Lisa hielt ihn am Halfter, während ich ihm die Decke auf den Rücken legte.

„Ein ganz schöner Unruhegeist", sagte Janet. „Aber das wird sich bald ändern, wenn er bei uns ist. Wir haben nämlich einen ausgezeichneten Trainer — einen echten Pferdemann!"

Bronco weigerte sich, in den Transporter zu gehen. Er starrte nach rückwärts zum Stall und bäumte sich auf. Schließlich schlug ich den Mädchen vor, sie sollten sich für ein paar Minuten zurückziehen. Dann redete ich sanft mit Bronco und sagte ihm, daß er jetzt etwas lernen müsse und deshalb nicht mehr hierbleiben könne. Uns Menschen erginge es nicht anders. Wir alle müßten lernen, unseren Lebensunterhalt zu verdienen. Er beschnupperte meine Haare, und schließlich schien er „ja" zu sagen, vorausgesetzt, ich kam mit ihm. Ich klopfte seinen Hals, und er folgte mir in den Transporter. Tränen liefen mir über die Wangen.

Die beiden Mädchen stürzten herbei und schlossen rasch die Tür des Transporters, während ich Bronco festband. Dann kletterte ich durch die vordere Öffnung hinaus. Bronco begann laut zu wiehern, als er sah, daß ich ihn hintergangen hatte.

„Sehr gut", sagte Janet mit hörbarer Erleichterung. „Ich glaube, wir können losfahren. Wir schicken euch dann die Bandagen zurück."

Die beiden lächelten uns zu, bevor sie in den Wagen stiegen. Der Motor heulte auf, Bronco wieherte wieder und schlug mit den Hufen gegen die Holzwand.

„Er will nicht fort", sagte Lisa. „Armer Bronco!" Und wir weinten beide.

Ich konnte sehen, wie die Trippets sich vom Fenster zurückzogen. Als der Wagen durch das Hoftor gefahren war, sagte ich: „Wir müssen weitermachen. Wir haben noch nicht ausgemistet. Wo steckt eigentlich Mike?"

„Er verbringt den ganzen Tag mit seiner Freundin", erwiderte Lisa.

„Wie schön für ihn", sagte ich verärgert.

Wir holten Lorraine, Cassie, Windfall und Solitär aus dem Stall. Die Ponys Limpet und Jigsaw waren das ganze Jahr über draußen auf der Koppel im Offenstall.

Der Anblick von Broncos leerer Box machte mich sehr traurig. Da erschien Ben und sagte: „Ich würde euch gern helfen. Kommt, gebt mir die Mistgabel!"

„Er ist fort", sagte ich leise.

„Ja, ich habe es gesehen", meinte Ben. „Aber bitte, Harriet, hör auf zu weinen. Du hast schließlich noch Lorraine. Was willst du mehr?"

„Ich wollte nicht, daß er auf diese Weise von uns fort mußte. Ich hoffte auch, er würde in unserer Nähe bleiben. Es war, als hätte man ihn ins Gefängnis abgeführt. Er hat sich dagegen gewehrt...", sagte ich mit tränenerstickter Stimme. „Er hatte gerade Vertrauen gefaßt!"

„Es wird ihm an nichts fehlen", meinte Ben. „Er bekommt reichlich Futter, hat ein ordentliches Dach über dem Kopf und ausgebildete Betreuer. Das ist doch gut!"

Ich war da nicht so sicher. Ich sah Bronco vor mir, wie er abtransportiert wurde und laut wieherte, weil er von mir hintergangen worden war. Dieser Gedanke quälte mich ununterbrochen.

„Denk doch mal an die hundert Pfund, die wir bekommen", fuhr Ben fort. „Wir brauchen das Geld. Ich habe Mami gefragt, und sie sagte, es sei unser Geld. Sie und Paps wollten nichts davon, denn es stünde uns beiden zu — mir wegen meines gebrochenen Arms und dir, weil du soviel Mut und Ausdauer gezeigt hast."

„Ich will das Geld nicht", sagte ich entschieden. „Du kannst es haben. Mir ist, als hätte ich einen Freund verraten. Ich weiß nicht, ob du das verstehen kannst."

„Morgen siehst du alles schon anders", erklärte Ben nach einer Weile. „Du weißt, daß wir das Geld dringend für die Pferde brauchen. Wir haben es doch verdient!"

Später gingen wir ins Haus zurück und aßen Brot und Käse, denn es war schon zu spät für das Frühstück, aber noch zu früh für das Mittagessen. Als Mami mein verweintes Gesicht sah, sagte sie: „Harriet, du bist und bleibst eine Närrin. Du wirst niemals eine gute Pferdehändlerin werden. Du hast Erfolg und bist dann traurig darüber, anstatt dich zu freuen!"

„Von nun an wirst du als Pferdetrainerin bekannt sein", meinte Lisa.

„Es war die beste Lösung für alle", sagte Mami. „Morgen beginnt die Schule wieder, und mit der Stallarbeit wäre euch das alles zuviel geworden. Aber das wißt ihr ohnehin. Wann hättet ihr noch Zeit haben sollen, Bronco zu trainieren?"

„Ich hatte mir einen Plan gemacht", sagte ich. „Ich wäre um sechs aufgestanden und hätte bei elektrischem Licht den Stall ausgemistet und dann Bronco longiert. Ich hätte Leuchten für die Steigbügel gekauft und eine fluoreszierende Jacke, damit wir auch in der Dunkelheit hätten reiten können."

„Das klingt ganz schön gefährlich", sagte James, der soeben die Küche betrat. „Hat jemand meine Footballsocken gesehen?"

„Nicht schon wieder!" stöhnte Mami. „Das ist schon das zweite Paar, das du in weniger als einer Woche verlierst."

„Bei James ist alles möglich", sagte Ben.

Ich sah, wie die Trippets mit ihrem Kombiwagen losfuhren. Sicherlich waren sie wieder auf der Suche nach Gelegenheitskäufen, das konnte man ihren Gesichtern ansehen. Sie erinnerten mich an erwartungsvolle Hunde vor einem Spaziergang.

„Er trägt eine Golfhose und raucht Pfeife", bemerkte Ben, der meinem Blick gefolgt war. „Oberst Hunter bat darum, daß man ihm das Frühstück in seinem Zimmer serviert, denn auch er kann die beiden nicht ertragen", sagte James. „Warum können wir sie eigentlich nicht loswerden?"

„Sie haben im voraus bezahlt und sind immer korrekt", erwiderte Mami. „Heute mittag haben sie außer Haus gegessen, sich aber trotzdem nicht das Geld für das Mittagessen zurückgeben lassen."

„Ich frage mich, wann Bronco dort ankommen wird", sagte ich.

„Ich wünschte, ich wüßte, wohin sie ihn bringen. Ich verstehe jetzt nicht, daß ich mich nicht danach erkundigt habe. Nie frage ich nach dem, was wichtig ist."

„Geh schon, Harriet, und mach alles fertig für die Schule", ermahnte mich Mami.

Ich ging nach oben und packte meine Schulsachen ein. Dann zog ich die Schuluniform an — eine Bluse, den Blazer und den langweiligen Faltenrock.

Der Boden war wieder gefroren und bildete steinharte Erdklumpen. Die kahlen Bäume waren über und über mit Rauhreif bedeckt, so als hätte man sie in Kristallzucker getaucht. Ein paar Jungen rutschten auf dem zugefrorenen Teich bei der Gemeindewiese auf und ab.

Die Sonne stand schon hinter den Hügeln.

Lisa spielte den ganzen Nachmittag Monopoly, unser Kater Twinkle leistete ihr dabei Gesellschaft. Lisa vermißte Mrs. Mills, die eine unermüdliche Kartenspielerin war. Ben las ein Pferdebuch. James trank Kaffee und suchte nach ein paar Büchern, die er verräumt hatte. Mami bereitete Fisch für das Abendessen vor. Vergeblich versuchte ich, mich auf die Hausaufgaben zu konzentrieren, meine Gedanken schweiften ständig zu Bronco ab.

Mike war noch immer nicht zurück.

Inzwischen war ein eisiger Wind aufgekommen, der das Stroh von der Schubkarre fegte. Ben und ich konnten nur mit Mühe das Heu festhalten, damit es uns der Wind nicht aus den Armen riß.

Allmählich setzte die Dämmerung ein, es wurde Abend. Ich ging auf mein Zimmer und packte meinen Schulranzen, dann ging ich wieder hinunter. Mami gab uns Geld für das Mittagessen, und Paps hielt uns einen Vortrag über den Ernst der Schule.

Die Trippets waren pünktlich zum Abendessen zurück. Sie rochen nach Whisky, und Ben sagte, ihr Kombi sei mit wertvollen Gläsern beladen. Offensichtlich hatten sie wieder einmal einen erfolgreichen Tag gehabt.

„Wenn es Ihnen recht ist, bleiben wir noch ein oder zwei Tage", sagte Mr. Trippet zu Mami. Er strich über seinen Schnurrbart. „Wir haben uns sehr wohl bei Ihnen gefühlt. Es war wirklich ein angenehmer Aufenthalt. Wir werden Ihre Pension allen unseren Freunden empfehlen."

Nachts träumte ich, ich ritt mit Bronco querfeldein. Er sprang über jeden Zaun, und plötzlich befanden wir uns auf einer mondbeschienenen Lichtung inmitten einer großen Hundemeute. Unsere Körper schienen wie mit Silber überzogen, Broncos Ohren waren durchsichtig wie Glas. Dann rückte der Mond immer näher, riesig und beängstigend. Und wohin wir auch galoppierten, es gab kein Entrinnen, denn plötzlich wurde der Mond größer als die Erde.

„Halt! Um Himmels willen, halt!" rief ich, und dann hörte ich das Postauto die Auffahrt heraufknattern. Mr. Trippet öffnete ein Fenster und rief dem Postboten etwas zu.

Wenig später eilte ich mit Lisa zum Stall, und wir halfen Mike bei der Arbeit.

Ich hatte keine Zeit mehr, um richtig zu frühstücken.

So rannte ich mit einem Marmeladentoast in der Hand zur Bushaltestelle.

„Es wird wieder zu schneien anfangen", meinte Ben und sah prüfend zum Himmel.

„Dann können wir endlich wieder Schlitten fahren, einen Schneemann bauen und eine Schneeballschlacht machen!" rief Lisa begeistert.

Die Schulstunden wollten nicht vergehen. Ich hatte Mühe, mich zu konzentrieren. In der großen Pause stand ich allein herum, was nur natürlich war, denn ich hatte alle meine Freunde in den Weihnachtsferien vernachlässigt.

Ben machte mit seinem Gipsarm die Runde und erzählte jedem von seinem Unfall. „Aber zum Glück hat alles ein gutes Ende genommen", sagte er. „Harriet hat sich um die Pferde gekümmert, und dieser Fuchs soll nun Filmstar werden."

Ich fragte mich, warum Ben in der Schule ganz anders redete als zu Hause. Da hätte er von Bronco nie in einem solchen Ton gesprochen.

Der Sportplatz war für Wettkämpfe noch zu hartgefroren, so daß wir den Nachmittag in der Turnhalle verbrachten. Endlich war die Schule aus und wir konnten nach Hause.

Im Schulbus unterhielt ich mich nie mit Ben, der immer bei seinen Freunden saß. Ich setzte mich meistens ganz nach vorn.

Der Bus machte einen großen Umweg, bis er endlich am Dorfplatz anhielt. Lisa ging noch zur Grundschule, deshalb war sie immer vor uns zu Hause. Heute lief sie uns bereits auf dem Hof entgegen und rief: „Harriet, Mrs. Nuttal hat angerufen! Ich weiß nicht, was sie will. Sie sagte nur, du solltest zurückrufen. Sie klang ziemlich aufgeregt!"

Ich rannte ins Haus und dachte: Hoffentlich ist nichts mit Bronco passiert.

„Sie hat schon zweimal angerufen", sagte Mami, als ich in die Küche stürzte. „Aber sie wollte unbedingt mit dir sprechen!"

„Was kann sie wollen?" schrie ich. „Wo ist ihre Nummer?"

„Ich habe sie ins Adreßbuch geschrieben, mit rotem Kugelschreiber", sagte Lisa.

„Nur mit der Ruhe", brummte Ben, „so schlimm wird es nicht sein."

„Aber warum hat sie keine Nachricht hinterlassen?" stotterte ich, während ich die Nummer wählte.

„Ich weiß es nicht", erwiderte Lisa, „sie hat nichts gesagt."

Als ich Jean Nuttals Stimme am anderen Ende der Leitung hörte, rief ich: „Hier spricht Harriet Pemberton. Sie haben angerufen?" Mein Herz klopfte zum Zerspringen.

„Ja, das ist richtig. Ich habe eine schlechte Nachricht für euch. Bronco ist verschwunden!"

„Was heißt das?" rief ich.

„Er ist fortgelaufen. Als sie ihm heute morgen die Ausbindezügel anlegen wollten, drehte er durch und galoppierte mitsamt den Zügeln davon. Er sprang über einen eineinhalb Meter hohen Zaun und ist seitdem spurlos verschwunden."

Ich sah Bronco vor mir, wie er mit wehenden Zügeln davonstürmte.

„Sie haben natürlich sofort die Polizei verständigt", fuhr Mrs. Nuttal fort. „Er muß völlig verstört sein."

„Wenn er nur nicht in einen Lastwagen läuft", sagte ich tonlos.

„Bis jetzt haben wir noch keine Nachricht von ihm!"

„Frag sie doch, wo er eigentlich war!" flüsterte Lisa mir zu.

„Wo ist denn das Ganze geschehen?" erkundigte ich mich.

„In den Midlands, in der Nähe von Coventry!"

„Aber das ist ziemlich weit entfernt von hier", sagte ich.

„Im Grunde können wir gar nichts tun. Ich frage mich, warum ich Bronco dort hingegeben habe. Ich hätte ihn bei euch lassen sollen. Ich bin völlig verzweifelt", sagte Mrs. Nuttal.

„Wenn wir ihn nur suchen könnten", sagte ich. „Ich fühle mich so schrecklich hilflos!"

Ich sah, daß meine Hände zitterten. Lisa schluchzte, und Ben starrte verzweifelt aus dem Fenster, als könnte er draußen im Garten die Lösung des Problems finden.

Ich hörte das Ticken der alten Standuhr im Wohnzimmer, und mir war, als hörte ich Broncos Herzschlag, der immer schwächer wurde. Ich suchte nach Worten, fand aber keine. So stammelte ich schließlich: „Ja, das tut mir schrecklich leid. Auf Wiedersehen!" Dann legte ich auf.

Meine Gedanken waren bei Bronco, der irgendwo mit seinem Ausbindezügel verstört umherirrte.

Ich stellte mir vor, wie er verzweifelt versuchte, die Zügel abzustreifen, und ich hoffte inständig, es möge ihm gelingen. Ich hatte recht gehabt, er hätte weiter bei uns bleiben müssen. Er war uns viel zu früh weggenommen worden. Und wer mochte ihn inzwischen betreut haben? Er brauchte viel Verständnis und Geduld.

Mami stand plötzlich neben mir und sagte: „Sei nicht traurig, Liebes, er wird schon wieder auftauchen. Er kann nicht weit kommen."

„Aber er ist über eine hohe Einzäunung gesprungen", sagte ich.

Ich hatte keine Lust, mit den anderen Tee zu trinken. Ich ging in den Stall, um die Pferde zu versorgen. Broncos leere Box zog mich magisch an. Ich stand unschlüssig da und verteilte schließlich frische Streu auf dem Boden. Die Box erschien mir wie ein Wohnraum, der für jemanden, der heimkommen sollte, bereitstand. Die Polizei mußte Bronco einfach finden und zurückbringen. Ein Pferd konnte schließlich nicht einfach verschwinden. Aber er gehörte nicht uns und auch nicht mehr Mrs. Nuttal, sondern der Filmgesellschaft. Wenn er verletzt ist, werden sie ihn erschießen, dachte ich, und er wird für sie nicht mehr sein als ein Verlustposten von zweitausendfünfhundert Pfund in der Geschäftsbilanz.

Cassie schaute im Halbdunkel über ihre Boxtür zu mir herüber und wieherte. Sie vermißt ihn, dachte ich.

Lorraine war still und verträumt, und auch Solitär stand ganz ruhig da.

Ben füllte einen Eimer mit frischem Wasser und trug ihn mit dem gesunden Arm in den Stall. Keiner von uns war zum Sprechen aufgelegt. Schließlich brach Lisa das Schweigen und sagte: „Armer Bronco! Meint ihr, daß sie ihn bald finden werden? Und daß wir es erfahren? Es ist schließlich ihr Pferd und nicht unseres!"

„Stimmt", sagte ich, und plötzlich wurde mir klar, daß das eigentlich das Schlimmste an der ganzen Sache war.

„Eine gute Geschichte"

Am nächsten Morgen kam mit der Post Jean Nuttals Scheck über einhundert Pfund. Ich gab ihn Mami mit den Worten: „Ich will ihn nicht. Es ist Blutgeld!"

In der Schule hatte ich Mühe, mich zu konzentrieren. Die Mathematikstunde schien kein Ende zu nehmen, im Physikunterricht zerbrach ich ein Proberöhrchen. Ich hatte keine Lust, zu Mittag zu essen, und während der Kochstunde starrte ich die meiste Zeit zum Fenster hinaus.

Endlich war die Schule vorbei, und wir fuhren mit dem Schulbus wie immer über Land und setzten Schüler ab, bevor wir zu Hause ankamen.

Lisa wartete bereits im Hof auf uns. „Keine Neuigkeiten!" rief sie uns von weitem zu. „Kein Anruf, nichts."

Der Himmel war so grau wie aufgewühltes Meer,

Graupelschauer vermischten sich mit einem eisigen Wind.

„Es wird wieder schneien", sagte Ben und schlug den Kragen hoch.

Ich sah Bronco vor mir, wie er langsam im Schnee versank. Sein stolzer Kopf sank auf sein weißes Grab. Bald würde er völlig eingeschneit sein, nur noch seine Beine würden aus dem Schnee herausragen.

Die Küche strömte Wärme und Behaglichkeit aus.

„Nächste Woche kommen neue Gäste", erklärte Mami. „Ist das nicht schön? Ein junges Paar mit einem Baby, auf das wir hin und wieder aufpassen sollen."

„Toll!" meinte Ben, alles andere als begeistert.

„Was gibt es sonst Neues?" wollte ich wissen.

„Du meinst, von Bronco?" fragte Mami. „Harriet, komm endlich zur Vernunft. Wir können nicht erwarten, daß man uns sofort Bescheid sagt. Er ist schließlich nicht unser Pferd. Hör auf, dir Sorgen zu machen. Bronco wird wiedergefunden werden!"

„Hoffentlich", rief ich. „Ich war so glücklich, daß ich sein Vertrauen gewonnen hatte... Ich halte das nicht länger aus!"

„Ach, Kind!" sagte Mami. „Sei doch vernünftig. Es wird alles wieder gut werden!"

Von da an sprach ich nicht mehr von Bronco; aber die ganze Zeit war der brennende Wunsch in meinem Herzen, etwas über ihn zu erfahren. Ich meinte, das Klappern seiner Hufe auf dem Boden der Landstraße zu hören, und wenn ich dann hinlief und nachschaute, wußte ich, daß alles nur Einbildung gewesen war. Ich dachte, ich würde verrückt werden. Ich hielt schon Selbstgespräche. Im Traum sah ich ihn im Meer schwimmen. Ich streckte die Hand immer wieder nach seiner flachsfarbenen Mähne aus, aber er tauchte jedes Mal unter. Ich holte Hilfe an Land, doch als ich mit einem Boot zurückkam, hatten ihn die Wellen verschlungen.

Da erwachte ich, denn Lisa rüttelte mich und rief: „Aufstehen, Harriet! Wir haben verschlafen!"

Ich fühlte mich den ganzen Tag über elend. Es hatte zu schneien begonnen. Der Schuldirektor befürchtete starkes Schneetreiben, deshalb ließ er uns um zwölf nach Hause gehen. Der Bus wartete bereits auf uns. Die Schüler bewarfen die Lehrer mit Schneebällen. Ben konnte wegen seines Gipsarms nicht mitmachen, und ich war nicht in Stimmung dafür. So setzten wir uns in den Bus und redeten von Bronco.

„Er kann nicht spurlos verschwunden sein", sagte Ben. „Ein Pferd verschwindet nicht so leicht. Das weißt du!"

„Ich finde, wir sollten bei der Filmgesellschaft anrufen und uns nach ihm erkundigen!" erklärte ich.

„Wir sollten lieber Mrs. Nuttal anrufen", meinte Ben.

„Ihr gehört er doch auch nicht mehr", wandte ich ein.

„Aber er hat ihr vorher gehört!" Ben tat so, als änderte das etwas an der Sache.

Die Heimfahrt dauerte noch länger als sonst. Lisa erwartete uns bereits. „Die Trippets reisen ab", rief sie. „Ist das nicht gut?"

„Gibt es sonst noch Neuigkeiten?" fragte ich.

„Nein, nichts..."

Irgendwann werden wir ihn vergessen, dachte ich. In ein paar Jahren wird er nur noch eine Erinnerung für uns sein. Aber gerade das wollte ich nicht. Ich mußte einfach wissen, wo er war, ob er lebte oder ob er schon tot war.

Die Trippets luden ihre Sachen in den Kombiwagen, der vor dem Haus geparkt war.

„Wissen Sie etwas Neues über das Pferd?" fragte Ben gespannt.

„Wie sollte ich?" erwiderte Mr. Trippet abweisend. „Ich habe nichts mit dem Pferd zu tun!"

Den Gesichtern der beiden war anzusehen, daß sie keinen sehr erfolgreichen Tag gehabt hatten. Mr. Trippets Schnurrbart zuckte nervös, und seine Frau wirkte angespannt.

„Die sind wir endlich los", sagte Lisa erleichtert, nachdem sie ins Haus gegangen waren.

Ich rief Mrs. Nuttal an. „Haben Sie etwas von Bronco gehört?" fragte ich.

„Nein. Ich warte ebenso wie ihr", erwiderte sie.

„Glauben Sie nicht, daß man Sie benachrichtigen wird, wenn er gefunden wird?" fragte ich.

„Es ist möglich", meinte sie, aber ihre Stimme klang mutlos.

„Na, was hat sie gesagt?" wollte Lisa wissen, nachdem ich aufgelegt hatte.

Ich schüttelte den Kopf. „Nichts Neues." Tränen schossen mir in die Augen, denn plötzlich erschien mir alles so hoffnungslos.

Die Trippets standen in der Diele und bezahlten ihre Rechnung. Das junge Ehepaar mit dem Baby war angekommen, und ich zeigte ihnen ihr Zimmer. Sie bewunderten alles — die alte Holztreppe, die Bilder, die Aussicht. Ihr Baby war süß, es hieß Emma.

„Das hat ja sehr gut geklappt. Bald werden wir eingeschneit sein", sagte die Frau. „Übrigens, ich heiße Janet, und mein Mann heißt Steve. Ich bin froh, hier bei euch zu sein!"

„Ich bin Harriet", sagte ich und gab ihr die Hand.

„Ich hoffe, unten brennt ein schönes Kaminfeuer", sagte Janet. Sie hatte langes dunkles Haar und eine hübsche Stupsnase.

„Das Feuer ist gerade angezündet worden", erklärte ich. „Sie müssen unbedingt Oberst Hunter kennenlernen! Er ist unser Stammgast und weiß eine Menge über Indien zu erzählen. Aber jetzt muß ich mich um die Pferde kümmern."

Lisa half mir beim Füttern und Tränken. Bei dem Schnee war das ziemlich mühsam. Die Gatter auf der Koppel ließen sich nur schwer öffnen, die Wassertränken waren voller Schnee, und auch unsere Kleidung war bald schwer von Schnee. Als wir schließlich auch mit der Arbeit im Stall fertig waren, war es bereits sechs. Es hatte zu schneien aufgehört, und der Himmel war sternenklar.

Janet stillte gerade in der Küche ihr Baby, als wir ins Haus gingen. Lisa staunte; wir hatten noch nie gesehen, wie ein Baby die Brust bekam. Mami kochte eine Suppe für das Abendessen und sagte, daß Mike noch nicht mit seiner Freundin vom Schlittenfahren zurück sei. Ben und Steve unterhielten sich angeregt über Motorräder.

„Trockne dir sofort die Haare, Harriet", rief Mami. „Du wirst dich sonst erkälten!"

„Was gibt es Neues? Hat jemand angerufen?" erkundigte ich mich schnell.

„Nein, Harriet. Es ist sinnlos, wenn du hundertmal am Tag danach fragst", stellte Mami fest. Sie erzählte Janet von Bronco.

James kam in die Küche gestürzt. „Bronco lebt", verkündete er.

„Was sagst du?" schrie ich. „Woher weißt du das? Das hast du nur erfunden! Oder?"

„Ich habe ihn in den Nachrichten im Fernsehen gesehen", sagte James aufgeregt.

„Eine gute Geschichte!" rief ich spöttisch.

„Nein, es stimmt! So glaub mir doch! Er ist in der Nähe von Bunbury gesehen worden. Sie haben ein Bild von ihm gezeigt, damit ihn die Leute wiedererkennen, wenn er auftaucht!"

Ich wollte mich nicht zu früh freuen. „Du machst wirklich keinen Spaß?" fragte ich.

„Nein, er ist auf dem Weg hierher", sagte James.

„Haben sie das gesagt?"

„Nein, das nicht. Es war nicht auf unserem Sender. Das Bild war schlecht wegen des Schneetreibens, aber ich bin sicher, daß das Pferd Bronco war. Ein älteres Foto von ihm!"

„War es ein Fuchs?" wollte Lisa wissen.

„Ja, und er soll den Verkehr aufgehalten haben und ist dann über die Felder davongestürmt. Wartet, ich hole rasch eine Landkarte!"

Er kam mit Ben zurück. „Er hat schon eine große Strecke zurückgelegt", sagte er. „Seht nur, wie weit es von Coventry nach Bunbury ist."

„Wie leicht hätte er verunglücken können", sagte Ben.

„Er kommt zurück!" rief ich. „Und es wird ihm auch

nichts zustoßen. Oh, ich kann es nicht fassen! Jetzt wissen wir wenigstens, daß er noch am Leben ist und daß es noch Hoffnung gibt!"

„Aber es ist noch ein ganzes Stück bis zu uns", gab James zu bedenken.

„Dazu braucht er einige Zeit", meinte Ben.

„Ich rufe sofort Jean Nuttal an. Sie wird froh sein", sagte ich und rannte ans Telefon. Sie war sofort am Apparat. „Er ist auf dem Weg zu uns", schrie ich in den Hörer. „Sie haben über ihn im Fernsehen berichtet. Er ist in Bunbury gesehen worden."

„Bist du es, Harriet?" fragte sie.

„Ja."

„Bist du ganz sicher, daß er es war? Haben sie das gesagt?"

„Ja, sie hatten ein Foto der Filmgesellschaft!" erwiderte ich.

„Das glaube ich nicht, Harriet. Er kann nicht in so kurzer Zeit von Coventry nach Bunbury laufen. Das ist zu weit! Freue dich nicht zu früh."

Ich schwankte zwischen Hoffnung und Verzweiflung, aber dann siegte die Hoffnung. „Er ist es ganz bestimmt", sagte ich fest und legte den Hörer auf.

„Nun?" fragte Ben.

„Sie hält es für unwahrscheinlich", sagte ich. „Aber das ist egal."

„Bist du ganz sicher, daß es Bronco war?" bedrängte ich James später noch einmal. „Glaubst du nicht, daß du dich geirrt hast?"

„Ich habe dir doch schon gesagt, daß es ein Pferd der Filmgesellschaft war! Die haben auch alle Polizei- und

Fernsehstationen benachrichtigt!"

Wir saßen den ganzen Abend neben dem Radio, und Lisa saß stundenlang vor dem Fernseher, bis Mami sie schließlich zu Bett schickte. Aber sie sagten nichts mehr von einem durchgegangenen Pferd. Ich hoffte inständig, das Telefon möge läuten und wir würden Näheres über Bronco erfahren. Das Warten war zermürbend, und wir konnten nichts unternehmen.

Am nächsten Morgen hatte es um weitere dreißig Zentimeter geschneit, der Schulbus kam nicht. Der Schnee war kniehoch, um unser Haus herrschte tiefe Stille. Die Post erreichte uns mit zwei Stunden Verspätung, die Zeitungen waren gar nicht gekommen.

Ich dachte unausgesetzt an Bronco. Wer weiß, was er alles durchmachte, um zu uns zu kommen? Vielleicht lag er auch irgendwo im Schnee, hungrig und fast erfroren.

Ich tat alles automatisch und wußte später nicht mehr, was ich getan hatte. Ich aß, ohne zu wissen, was ich aß.

Janet hielt sich ewig lange im Bad auf. Sie wusch Babysachen und badete Emma.

Paps war zu Hause, er beanstandete die Unordnung in unseren Zimmern und die schmutzigen Fingerabdrücke an den Wänden.

Unser Haus war bald ganz eingeschneit.

James ging mit Steve und Janet Schlitten fahren, während ich mit Mami auf Emma achtgab.

„Du darfst dein Herz nicht an jedes Pferd hängen, Kind. Siehst du das nicht ein?" sagte Mami.

„Doch, aber Bronco ist nicht wie jedes Pferd!" erwiderte ich.

„Für dich ist doch jedes Pferd ein besonderes Pferd!"
„Nein, das stimmt nicht." Natürlich stimmte es doch.

Ich schälte Kartoffeln für das Mittagessen und fegte die Treppe, aber das tat ich ziemlich oberflächlich, denn ich war mit meinen Gedanken bei Bronco: wie er über Zäune sprang, wie er eingefangen und zu der Filmgesellschaft zurückgebracht wurde, wie er im Sterben lag. Ich dachte, ich würde verrückt werden. Ich glaubte, in der Ferne leises Wiehern zu hören oder das Läuten des Telefons. „Warum rufen wir nicht bei der Polizei an?" fragte ich.

„Harriet, hör endlich auf, dir wegen Bronco den Kopf zu zermartern!" rief meine Mutter. Sie war nervös.

„Schon wieder!" rief Paps, der in diesem Augenblick die Küche betrat. „Ich drehe noch durch, wenn ihr dauernd von diesem Pferd redet!"

„Dann dreh doch durch!" sagte Lisa und mußte zur Strafe auf ihr Zimmer gehen.

Es schneite ununterbrochen.

Wir aßen alle zusammen zu Mittag, und nach dem Vier-Uhr-Tee ging ich mit Lisa den Stall ausmisten. Ben half uns, so gut er es mit einem Arm konnte. Aber eigentlich stand er uns mehr im Weg.

Wir saßen eine Ewigkeit beim Abendessen. Paps hatte eine Flasche Wein aufgemacht, wir redeten angeregt miteinander, weil die Trippets abgereist und unsere neuen Gäste sehr gesprächig waren und viel lachten. Oberst Hunter war bester Laune, er redete auf Janet ein, während Paps sich mit Steve unterhielt. Um zehn ging ich zu Bett. Als ich aus dem Fenster schaute und die Schneemassen sah, erlosch die letzte Hoffnung in mir, daß

Bronco noch am Leben sein könnte.

Als ich am nächsten Morgen erwachte, drehte ich als erstes das Radio an, um die Nachrichten zu hören. Eine Familie war in ihrem Auto im Schneesturm eingeschlossen, und der Wetterbericht meldete weitere Schneefälle. In Südafrika war es wieder zu Unruhen gekommen. Aber keine Nachricht von einem umherirrenden Pferd.

Mami deckte bereits den Frühstückstisch, als ich nach unten kam.

„Können wir ihn nicht suchen gehen", fragte ich sie. „Der Landrover fährt doch auf verschneiten Straßen!"

„Schau hinaus, wir sind völlig eingeschneit! Und bald wird es Frost geben. Unter diesen Umständen können wir nicht nach einem Pferd suchen. Wir wissen ja auch gar nicht, wo wir suchen sollen!"

Der Schnee reichte uns bis über die Knie. Wir mußten uns einen Weg zu den Pferdeställen schaufeln. Schließlich räumten wir den ganzen Hof vom Schnee frei, aber nur mit Paps' und Steves Hilfe schafften wir das.

Anstatt uns zu helfen, baute Lisa einen Schneemann, und Mike bewarf sie dabei mit Schneebällen. „He, wollt ihr uns nicht helfen?" rief ich ihnen zu.

In diesem Augenblick hörte ich, wie jemand meinen Namen rief. Es war Mr. Rawlings vom Nachbarhof. Er war mit seinem Traktor an unseren Zaun herangefahren, und ich ging auf ihn zu.

„Ich wollte dir Bescheid sagen, daß da unten auf dem Feldweg ein Pferd ist. Es ist ganz eingeschneit und völlig erschöpft. Kann es euch gehören?"

„Ja, es ist Bronco", sagte ich automatisch. Dann schrie

ich: „Paps! Lisa, Ben! Bronco ist unten auf dem Feldweg!"

„Wie wollt ihr ihn hier heraufbringen? Er kann nicht mehr gehen, und der Schnee ist sehr hoch", rief Mr. Rawlings.

Ich dachte: Er ist gekommen, um hier zu sterben. Aber ich sagte: „Vielen Dank, Mr. Rawlings. Vielen, vielen Dank!" — „Wir brauchen sofort ein Seil", rief ich den anderen zu. „Beeilt euch!"

Schneetreiben

„Vielleicht braucht ihr einen Traktor", schlug Rawlings vor. „Ich helfe euch gern."

Paps startete den Landrover, aber der Motor wollte nicht anspringen.

„Ich wußte, er würde zurückkommen", rief Lisa. „Ich habe nicht eine Sekunde lang die Hoffnung aufgegeben."

„Wir brauchen einen großen Schlitten", meinte Ben. „Da legen wir Bronco hinauf und ziehen ihn mit dem Traktor den Hang hinauf!"

„Holt alle Schaufeln, die ihr auftreiben könnt", ordnete Paps an.

„Vielleicht können wir noch einen Schneepflug bekommen", sagte Steve.

„Aber jetzt erst einmal zu Bronco", schlug Paps vor. „Kommt!"

„Ich fahre mit dem Traktor hin", meinte Mr. Rawlings und ließ den Motor an.

Ich füllte einen Eimer mit Hafer, und Lisa holte Zaumzeug. Dann luden wir alles auf zwei Schlitten und machten uns auf den Weg.

Auf dem Dorfplatz versanken wir knietief im Schnee. Wir versuchten einen Pfad freizutrampeln, was ziemlich mühsam war. Außerdem war es bitter kalt.

Lisa begann zu weinen, weil sie so aufgeregt war und fror, und wir schickten sie nach Hause.

Mr. Rawlings schob uns mit einem ganz normalen Pflug einen Weg frei, und Paps sagte: „Was täten wir, wenn wir Rawlings nicht hätten?"

Ich wollte am liebsten losrennen, denn ich konnte es nicht mehr erwarten, meine Arme um Broncos Hals zu schlingen. Aber das war schwierig auf dem freigepflügten Weg.

„In diesem Land geht wirklich nichts ohne Mühe ab", meinte Steve.

„Sie sprechen mir aus der Seele", sagte Ben.

„Von nun an werde ich Schnee hassen", rief ich.

„Ja, aber das wichtigste ist jetzt, wie es dem Pferd ergeht!" erklärte Ben.

Paps und Steve gingen voraus, denn sie waren am größten. Wir kamen nur langsam voran. Weit und breit war kein Mensch zu sehen, nicht einmal unsere Hunde.

„Warum haben wir keine Moonboots?" beschwerte sich Ben, der mit seinem Gipsarm noch schwerer vorankam.

„Frag nicht so dumm", fuhr ihn Paps an. „Das ist jetzt nicht wichtig!"

Endlich waren wir auf dem Weg, der zum Wald führte. Sonst waren es nur fünf Minuten zu gehen. Mr. Rawlings stand knietief im Schnee und versuchte, die Räder des Traktors von Schneeklumpen zu befreien. Als ich zurückblickte, sah ich, wie Lisa gerade in den Hof ging. Zum Glück blieb Mike bei uns, um zu helfen.

Meine Hose und die Jacke waren völlig aufgeweicht, die Beine taten mir weh von dem mühsamen Vorwärtsstapfen auf dem Weg. Lieber Gott, bitte hilf uns, betete ich. Bronco hat fast sein Ziel erreicht, du darfst ihn jetzt nicht sterben lassen!

Mr. Rawlings winkte uns zu und rief: „Der Traktor geht nicht mehr. Wir müssen umkehren und den Rettungsdienst holen!"

Dann wandte sich Paps mir zu und schrie: „Wir müssen uns beeilen, Harriet!" Das Pferd muß in den Stall gebracht werden, wenn es überhaupt noch lebt!" Hilflos sah er mich an.

Ich brachte vor Angst und Verzweiflung kein Wort über die Lippen.

„Wir schaffen es schon, Mr. Pemberton", erklärte Steve.

„Wir sind alle zum Helfen da. Ihre Tochter und Ihre Frau werden die Polizei schon informiert haben!"

Der Schnee fiel immer dichter, und wir hatten noch nicht einmal die Hälfte des Weges zurückgelegt.

„Wir können ihm so nicht helfen", sagte Paps schließlich. „Wir müssen umkehren!"

„Und was ist mit Mr. Rawlings?" fragte Ben. „Kommt er nicht?"

„Wir werden die Polizei verständigen, daß sie einen Schneepflug schicken und ihn holen", erwiderte Paps. „Fang jetzt nicht an zu heulen, Harriet. Wir haben getan, was in unseren Kräften steht. Wir können nicht unser Leben für dieses Pferd riskieren, auch wenn ihr das möchtet!"

„Aber er hat schon einen so weiten Weg zurückgelegt", sagte ich verzagt.

„Dann wird er auch durchhalten", erklärte mein Vater.

„Harriet, du darfst dir keine Vorwürfe machen", sagte Steve.

Der Schnee trieb uns eiskalt ins Gesicht, wir konnten kaum noch etwas sehen.

„Es wird ein Schneesturm kommen", meinte Steve.

„Vielleicht ist Bronco schon tot", sagte Ben. „Erfroren. Das ist ein friedlicher Tod, Harriet. Man schläft einfach ein."

„Aber er war doch fast am Ziel", sagte ich verzweifelt. „Können wir nicht doch noch den Landrover holen?"

„Bei dem Schnee?" rief Paps. „Wir würden doch nicht durchkommen!"

Unsere Fußspuren waren schnell wieder verweht. Der Schnee stach wie Nadeln in unseren Augen.

„Seht doch, seht!" rief Steve aufgeregt. „Dort drüben auf der Landstraße ist ein Schneepflug! Der Straßendienst!"

Wir riefen alle zugleich: „Hilfe, Hilfe! Hierher!"

„Sie können uns nicht hören", sagte Ben. „Der Schnee verschluckt jeden Laut."

„Mich werden sie hören", erklärte Steve und holte tief Luft, bevor er losbrüllte. „Hilfe, Hilfe!"

„Wir müssen uns bis zur Straße durchkämpfen", schlug Paps vor.

Die Männer mit dem Schneepflug trugen Schutzbrillen; und sie hatten eine Spezialausrüstung für Notfälle dabei. Als wir endlich die Landstraße erreichten, winkten wir so heftig wie Schiffbrüchige auf einer einsamen Insel, damit ein vorbeifahrendes Schiff sie mitnahm.

„Werden sie uns helfen können, Bronco zu retten?" fragte ich.

„Vielleicht kannst du mal fünf Minuten lang den Mund halten", sagte Paps. Er war aufgeregt.

Wir zitterten vor Kälte, meine Zähne klapperten.

„Er kommt", rief Steve, dessen dunkles Haar unter einer weißen Schneemütze verschwunden war.

Die Männer auf dem Schneepflug stellten den Motor ab.

„Seid ihr lebensmüde? Warum bleibt ihr nicht zu Hause?" rief uns einer der Männer zu. „Habt ihr die Warnung im Radio nicht gehört?"

„Da unten auf dem Feldweg liegt ein Pferd", schrie ich. „Wenn wir es nicht retten, stirbt es. Helfen Sie uns!"

„Woher kommt das Pferd?" wollte der Mann wissen.

„Es ist von Coventry bis hierher gelaufen", rief mein Vater.

„Wenn Sie die Straße räumen, werden wir es schaffen. Wir haben dort hinten einen starken Landrover mit Anhänger. Könnten Sie bitte das Stück bis zu unserem Zaun freimachen? Das Haus steht dort drüben!" Ich zeigte mit dem Finger in Richtung unseres Pferdehofs.

„Wir werden alle mithelfen!" fügte Steve hinzu.

Die beiden Männer ließen wieder den Motor an, und wir gingen hinter dem Schneepflug her. Ich sah ein, daß wir Bronco auf andere Weise nicht helfen konnten. Meine Ungeduld, ihn zu sehen, mußte ich bezähmen.

Lisa wartete schon am Hoftor auf uns. Sie hatte sich trockene Sachen angezogen. „Habt ihr ihn gefunden?" wollte sie wissen.

„Nein, aber ein Schneepflug räumt uns den Weg frei", erwiderte ich.

„Wir müssen den Landrover zum Starten bringen", sagte Ben und rannte in die Garage.

Mami, Janet und Lisa hatten inzwischen zum zweiten Mal den Hof freigeschaufelt. Sie sagten, der Tierarzt sei unterwegs.

Steve öffnete die Motorhaube des Landrovers. „Ich glaube, es liegt an den Zündkerzen", sagte er.

„Beeil dich!" drängte ich.

„Sei doch still", fuhr Ben mich an.

James brachte uns heißen Tee. „Ich schaufle den Anhänger frei", sagte er.

Lisa holte mir trockene Sachen, denn ich zitterte noch immer vor Kälte und Aufregung.

„Ich glaube, das Baby weint", sagte Janet. „Ich muß zu ihr."

Steve gelang es tatsächlich, den Wagen zu starten. Paps fuhr ihn aus der Garage auf den Hof, dann koppelten sie den Anhänger fest.

„Holt ein paar Schaufeln!" befahl Paps. „Wahrscheinlich müssen wir ihn freischaufeln!"

„Falls er noch lebt", fügte Ben hinzu.

Wir warfen die Schaufeln in den Anhänger, und gleich darauf fuhren wir die Landstraße entlang, die am Dorfplatz vorbei zum Wald führte. Hier war bereits geräumt worden.

„Na, hast du dich beruhigt?" erkundigte sich Steve und

lächelte mir zu. „Du wirst sehen, er lebt!"

„Ich habe noch immer Angst um ihn!" erwiderte ich.

Der Schneepflug wartete auf dem Feldweg auf uns.

„Wir fahren voraus", rief uns einer der Männer zu.

Mr. Rawlings war auch da. „Ich kann euch mit dem alten Traktor helfen, wenn es nötig ist", erbot er sich.

Alles kam mir so unwirklich wie in einem Alptraum vor. Das lag auch am Schnee. Noch nie in meinem Leben hatte ich solche Schneemassen gesehen.

Als wir den Feldweg erreichten, wagte ich kaum, mich umzuschauen. Der Schneepflug hatte den Weg geräumt, und da lag Bronco.

„Er atmet noch", rief Ben.

„Er lebt!" schrie Lisa.

„Seid ruhig, Kinder! Ihr erschreckt ihn", ermahnte uns Mr. Rawlings.

Paps begann, Broncos Beine freizuschaufeln. Ich kniete mich neben ihn. Er war sehr erschöpft. Seine Nüstern berührten meinen Mantel, und ich sagte leise zu ihm: „Es wird alles gut werden, Bronco. Jetzt bist du wieder zu Hause." Ich streichelte ihn. Dann wandte ich mich Lisa zu. „Gib ihm etwas Hafer!" Doch Bronco konnte nicht fressen.

„Vorsicht, Paps, daß du seine Beine nicht verletzt", rief James.

„Ich glaube, wir versuchen jetzt, ihm auf die Beine zu helfen", erklärte Ben.

„Laßt ihm Zeit, überstürzt nichts", sagte Mr. Rawlings und kniete sich vor Bronco hin, um ihm die Beine zu massieren.

Ich streifte langsam den Schnee von seinen Flanken.

„Armer Bronco", sagte Lisa.

Wir zogen seine Vorderbeine aus dem Schnee, und ich sah, daß er ein Hufeisen verloren hatte. Er zitterte. Ich streifte ihm das Halfter über.

„Sei vorsichtig", sagte Mr. Rawlings. „Wer packt jetzt mit mir an, daß er sich aufsetzt?"

Ich zog am Halfter, aber Bronco rührte sich nicht.

„Nur mit der Ruhe", meinte Mr. Rawlings und massierte wieder Broncos Beine.

„Vielleicht ist er schneeblind!" rief Lisa. „Untersucht mal seine Augen!"

„Ach, Unsinn!" sagte Ben.

„Warum steht er dann nicht auf?"

„Weil er keine Kraft mehr hat", erklärte ihr Steve.

„Wenn wir uns nicht beeilen, wird die Straße wieder zuschneien", rief Ben.

„Aber der Schneepflug ist noch da", meinte Paps.

„Komm schon, Bronco, versuch es!" Ich redete ihm zu und war mit dem Gesicht ganz nahe an seinen Nüstern. „Du bist wieder zu Hause, und du wirst jetzt für immer bei uns bleiben!"

Endlich begann er sich zu rühren, kaum merklich spannte er die Muskeln und streckte sich.

„Laß es ihn allein versuchen, er weiß schon, was er tun muß", sagte Mr. Rawlings zu mir.

Bronco sah mich an und hob leicht den Kopf. Dann setzte er sich auf die Hinterhand und kam schwankend hoch. Zitternd stand er da, dann schüttelte er sich. Ich sah, daß er mager geworden war.

„Langsam, ganz ruhig", sagte Mr. Rawlings. „Laßt ihm Zeit!" Er legte Bronco eine Decke über.

Die Männer neben dem Schneepflug tranken etwas Warmes aus einer Thermosflasche. „Glück gehabt", sagte der eine. „Das ist noch mal gutgegangen."

„Das haben wir auch Ihnen zu verdanken", rief Paps. „Wären wir später gekommen, hätten wir ihn vielleicht nicht mehr lebend gefunden!"

Lisa rannte voraus, um die Rampe des Anhängers herunterzulassen. Dann verluden wir Bronco ganz langsam und mit größter Vorsicht. Zitternd vor Müdigkeit und Erschöpfung ging er in den Transporter.

Es schneite noch immer. Steve kratzte den Schnee von der Windschutzscheibe, und dann fuhren wir im Schneckentempo nach Hause. Vorher hatten wir uns bei Mr. Rawlings bedankt, der nur erwiderte: „Nicht der Rede wert. Ich freue mich, daß ich euch helfen konnte. Ich hatte gefürchtet, wir kämen zu spät."

Und Paps meinte, als wir im Wagen saßen: „Ein prima Kerl, dieser Rawlings."

„Wie können wir ihm jemals für seine Hilfe danken?" fragte ich, aber niemand antwortete mir.

Mami und Janet warteten schon auf uns. „Wir haben seine Box hergerichtet und Kraftfutter zubereitet", sagte Mami. Beide waren naß bis auf die Haut, in ihren Haaren und an den Jacken hingen Heubüschel.

„Habt ihr den Tierarzt angerufen? Und wie steht's mit dem Mittagessen?" erkundigte sich Paps.

„Oberst Hunter überwacht die Kartoffeln auf dem Herd", erwiderte Mami. „Und Roy ist unterwegs!"

Bronco hob den Kopf, er wieherte leise, als er seine Box sah. Lisa und ich rieben ihn sorgfältig trocken, während die Männer den Landrover und den Transporter an ihren Platz in der Scheune brachten. Bronco trank etwas Wasser, und dann fraß er von dem Mash, wenn auch nur sehr wenig.

„Es ist ein wahres Wunder", sagte Lisa, als wir ihm die Stalldecke überlegten und ihn streichelten.

„Ich werde Jean Nuttal anrufen und ihr alles erzählen", sagte ich. „Mein Gott, sie wird erleichtert sein!"

„Aber ruf sie nicht gleich an", bat mich Lisa.

„Warum nicht?" fragte ich verblüfft.

„Ich weiß nicht. Vielleicht, weil ich Angst habe."

„Er ist erschöpft"

Ich hatte ebenfalls Angst, als ich Mrs. Nuttals Nummer wählte. „Hier spricht Harriet Pemberton", meldete ich mich. „Ich wollte Ihnen sagen, daß Bronco wieder hier ist!"

„Ist das dein Ernst?" rief sie.

„Ja, er steht im Stall", sagte ich. „Er frißt etwas Kraftfutter. Aber er ist völlig erschöpft."

„Aber wie ist das möglich, daß er zurückgekommen ist?"

„Er ist den ganzen Weg gelaufen", erwiderte ich.

„Unglaublich. Wie geht es ihm? Ich werde natürlich gleich die Filmgesellschaft verständigen."

„Werden sie ihn zurückhaben wollen?" fragte ich ängstlich.

„Ich nehme es an!"

„Sag ihr, daß es jetzt nicht möglich ist", flüsterte Lisa mir ins Ohr.

„Er ist zu schwach für den Transport", sagte ich. „Es geht ihm ziemlich schlecht. Er braucht dringend tierärztliche Behandlung. Er ist sehr müde. Außerdem sind wir vollkommen eingeschneit und von der Umwelt abgeschnitten. Der Schneepflug hat heute morgen die Straße geräumt, aber jetzt ist sie schon wieder zugeschneit", schrie ich erregt. „Bronco muß einfach hier bleiben! Wir haben schon den Tierarzt verständigt!"

„Sie können ihn jetzt nicht holen", rief Lisa neben mir.

„Natürlich nicht", sagte Jean Nuttal beruhigend. „Zuerst muß Prinz sich erholen. Ich komme, sobald ich kann, um mich von seinem Zustand zu überzeugen. Auf Wiedersehen, Harriet!"

„Er gehört der Filmgesellschaft", schluchzte ich auf. „Und wir können ihn denen nicht einmal abkaufen, weil wir die tausend Pfund nicht haben!"

Dann verstecken wir ihn eben", schlug Lisa vor. „Jedesmal, wenn sie hier aufkreuzen, sagen wir, er ist verschwunden, wieder fortgelaufen!"

„Rechtlich gesehen gehört er ihnen", sagte ich.

„Wen kümmert das? Er mag uns. Wir dürfen es nicht zulassen, daß sie ihn wieder abholen!"

„Solange wir eingeschneit sind, können sie nichts unternehmen", meinte Ben, der von der Treppe aus unserem Gespräch zugehört hatte.

„Ich gehe zu ihm. Vielleicht fühlt er sich nicht gut", sagte ich. Es hatte aufgehört zu schneien. Auf dem Zaun saßen aufgeplustert ein paar Spatzen, wie man sie auf Weihnachtskarten sieht.

Bronco lag auf der Seite. Er war müde und wirkte erschöpft, sein Atem ging schwerer als sonst.

„Hoffentlich bekommt er keine Bronchitis", sagte ich erschrocken.

„Nein, er hustet ja nicht", meinte Ben. „Bei Bronchitis würde er husten."

„Dann muß es etwas anderes sein. Wir sollten auf alle Fälle hier auf Roy warten", sagte ich und ging kurz in Jigsaws Box. Wir hatten ihn gestern wegen des Schneetreibens von der Koppel geholt.

Auch er war nicht wie sonst. Sollte er eine Kolik haben? Sein Atem ging schwer. Ben und ich sahen gleichzeitig Lisa an. Sie wurde verlegen.

„Du hast ihm doch nicht nur Hafer gegeben?" wollte Ben wissen.

„Er hat so gebettelt und so gewiehert, bis ich nachgegeben habe", gab Lisa zu.

„Dann hat er Blähungen", rief Ben. „Zu viele Proteine und keine Bewegung. Oh, Lisa, wie konntest du das nur tun!"

Lisa schluchzte: „Ich verstehe es selbst nicht! Das habe ich nicht gewollt!"

„Es ist nicht zu glauben. Warum, glaubst du, geben wir ihnen Mischfutter?" fragte Ben.

„Wir müssen noch mal bei Roy anrufen, damit er auch wirklich kommt. Wenn er überhaupt kommen kann, er müßte doch schon da sein!"

„Wieviel Hafer hast du ihm denn gegeben und wie oft?" wollte Ben wissen.

„Zweimal einen halben Eimer voll", erwiderte Lisa.

Ben begann zu schimpfen. „Kein Wunder, daß er so

schwitzt. Verdammt noch mal, wie kannst du nur so blöd sein! Jigsaw muß bewegt werden!"

„Selbst wenn er genug Bewegung hat, dann ist diese Menge zuviel", schrie ich. „Du bist wohl von allen guten Geistern verlassen!"

„Wir sollten auch Bronco weniger geben", sagte Ben. „Das ist falsche Fürsorge! Nehmen wir ihm etwas Heu weg."

Um vier stapfte Roy mit seiner Medikamententasche über den Hof.

„Er hat es tatsächlich von Coventry bis hierher geschafft", fragte Roy und untersuchte Bronco. „Ich dachte, ich hätte euch am Telefon falsch verstanden!"

„Glaubst du, daß er krank ist?" fragte ich. „Wird er wieder gesund? Sieh nur, wie schwer er atmet."

„Erstaunlicherweise ist er in ziemlich guter Verfassung", sagte Roy und öffnete seine Medikamententasche. Er horchte Bronco ab.

„Aber er ist bestimmt nicht transportfähig", sagte ich.

„Nicht im Augenblick, in ein paar Tagen vielleicht", erwiderte der Tierarzt, während er Bronco weiter untersuchte und ich seinen Kopf hielt. „Seine Lunge ist in Ordnung", sagte er. „In ein paar Tagen ist er wieder der alte. Er muß wieder zu Kräften kommen!"

Das Herz sank mir in die Kniekehlen. „Würdest du bitte auch noch Jigsaw ansehen?" bat ich Roy.

Er gab Jigsaw eine Spritze. Lisa stand reuevoll und verwirrt daneben.

„Er braucht Bewegung!" sagte Roy und klappte seine Tasche zu. „Ihr wißt ja Bescheid. Ich werde euch morgen anrufen, wenn ich bis dahin nichts von euch höre.

Kümmert euch um die Pferde, bleibt bei ihnen. Es ist noch einmal glimpflich abgegangen."

Wir bedankten uns für Roys Besuch und blickten ihm nach, als er fortging.

„So ist es also", sagte Ben. „Hillingdon Prinz muß zurück nach Coventry, und wir können nichts dagegen tun."

„Spürt ihr den warmen Wind?" wollte James wissen, der aus dem Haus kam und auf uns zuging. „Seht euch den Wetterhahn auf dem Stalldach an! Der Wind hat sich gedreht, er kommt jetzt aus Südwesten. Es wird bald tauen."

„Das hat uns gerade noch gefehlt", brummte Ben.

„Was meinst du?" erkundigte sich James.

„Dann muß Bronco noch früher von uns fort", sagte ich.

Um sechs rief Jean Nuttal an. „Die Filmgesellschaft will ihn zurückhaben", sagte sie. „Sobald er sich erholt hat, schicke ich euch einen Transporter. Es ist sehr nett von euch, daß ihr euch um Prinz kümmert!"

Sie kümmert sich schließlich gar nicht um ihn, dachte ich bitter. „Ein Transporter kommt nicht in Frage", wehrte ich ab.

„Glaubst du, du könntest ihn bis zu mir reiten? Es ist ja nicht weit. Ich zahle natürlich dafür", sagte Mrs. Nuttal.

Ich gab keine Antwort, und sie fuhr fort: „Bei dem Tauwetter sind die Straßen bald schneefrei und wieder passierbar, auch die Reitwege. Wir haben Sand gestreut. Sag, Harriet, ist es dir möglich, ihn mir demnächst zu bringen?"

„Ja, vorausgesetzt, bei uns liegt kein Schnee mehr auf

den Straßen", erwiderte ich. „Aber erst, wenn er sich erholt hat!"

„Das ist nett von dir, ich danke dir, Harriet. Was für ein Glück, daß ihm nichts zugestoßen ist! Wenn du kommst, mußt du mir alles erzählen. Also, bis bald." Sie legte auf.

„Sie will, daß wir ihn ihr bald bringen", sagte ich zu den anderen, die mich neugierig umringten.

Ich bat den lieben Gott um Regen und Schnee, aber der Wetterbericht kündigte Tauwetter an. Die Felder und Höfe standen bald unter Wasser, Wege und Straßen waren naß von schmelzendem Schnee. Die Sonne schien warm vom Himmel. Wer hätte mit diesem Frühjahrswetter im Januar gerechnet?

„Es scheint sich alles gegen uns verschworen zu haben", sagte ich.

Bronco ging es von Tag zu Tag besser. Ich untersuchte ihn immer wieder, um etwaige Beschwerden, geschwollene Gelenke oder etwas anderes, an ihm zu entdecken, das den Abschied hinauszögern würde, aber ohne Erfolg. Auch Jigsaw hatte sich erholt. Roy kam wieder und stand zufrieden vor Bronco. Er stellte auch fest, daß Jigsaw wieder gesund war, riet uns aber, ihn weiterhin mit größter Vorsicht zu füttern und ihn gut zu bewegen. „Ein Glück, daß wir es rechtzeitig gemerkt haben", sagte er.

Die Sonne schien, und der Schnee schmolz dahin.

Dann war der Tag gekommen, an dem ich Bronco zu Mrs. Nuttal reiten sollte. Es war eine Strecke von wenigen Kilometern. „Ich komme mit", sagte Lisa. „Ich reite Lorraine und nehme Jigsaw als Handpferd.

Wenn er Begleitung hat, wird er sicher gehfreudiger sein!"

Mami machte uns ein paar Brote, obwohl Jean Nuttal uns zum Essen eingeladen hatte.

„Ruft mich an, wenn ihr angekommen seid", rief Mami. „Damit ich mir keine Sorgen mache!"

„Ich wünschte, ich könnte mit euch kommen", sagte Ben, als er mit uns zum Stall ging.

Auf den Hügeln lag noch immer ziemlich viel Schnee, aber die Reitwege waren fast frei. Bronco war wieder ziemlich nervös, Lorraine dagegen trabte ruhig vor ihm. Es war ein traumhafter Tag, um auszureiten, aber ich war traurig und niedergeschlagen. Ahnte Bronco, daß er wieder fort mußte? Dabei war er mit letzter Kraft zu uns zurückgelaufen, weil er bei uns sein wollte. Doch Paps hatte uns erklärt, daß Kaufverträge gültig sind, und Bronco war nun einmal verkauft worden. Die Filmgesellschaft war jetzt sein rechtmäßiger Besitzer.

Bronco trabte dahin, ohne zu ahnen, was ihn erwartete. Das machte alles noch schlimmer. Mit einem Menschen hätte ich über alles reden können, aber mit einem Pferd war das eben nicht möglich.

Das strahlende Frühlingswetter paßte nicht zu meiner Stimmung. Mami hatte am Morgen gesagt, das Wetter sei ein Geschenk des Himmels, was nach all dem Schnee in gewisser Weise auch stimmte.

Sobald ich Lisa ansah, stiegen ihr die Tränen in die Augen. Das baute mich auch nicht gerade auf.

Endlich erreichten wir Badger's End, wo Mrs. Nuttal wohnte. Bronco hob den Kopf, er schnaubte. Auf dem Hof sonnten sich zwei große Hunde. Obwohl wir unterwegs unsere Brote gegessen hatten, waren wir bereits wieder hungrig.

Jean Nuttal kam aus dem Haus gestürzt, um uns zu begrüßen. Jetzt kam Leben in die Hunde, sie fingen an zu bellen. Die Pferde hoben die Köpfe und wieherten, ein paar Fohlen streckten die Hälse, um über ihre Halbtürboxen hinauszusehen.

Wir saßen ab, und Jean Nuttal klopfte Broncos Hals immer wieder. „Er sieht noch ein bißchen mitgenommen aus, findet ihr nicht?"

„Wann werden sie ihn abholen?" fragte ich.

„Erst in ein paar Tagen", sagte Jean Nuttal. Wir bringen ihn jetzt in die Box und geben gut auf ihn acht. Wir wollen schließlich verhindern, daß ihm wieder etwas geschieht!"

Lisa führte Lorraine und Jigsaw ebenfalls in zwei Boxen, in denen Heu und Wasser für sie bereitstanden. Dann gingen wir ins Haus, und während Mrs. Nuttal für jeden von uns ein Omelett machte, schilderten wir ihr Broncos Rückkehr. An den Wänden hingen gerahmte Fotografien von Pferden und Zeitungsausschnitte und Schleifen.

Als ich zu Ende erzählt hatte, stellte Jean Nuttal fest: „Ihr wart alle fabelhaft. Ich habe schon gewußt, warum ich euch Prinz anvertraut habe. Aber jetzt eßt, bevor es kalt wird."

Sie wird nie verstehen, wie es in mir aussieht, dachte ich, sie liebt Bronco eben nicht.

Dann fragte Lisa auf ihre direkte Art: „Können Sie uns sagen, was geschehen ist, daß Bronco so verstört ist? Sie kennen sich doch angeblich mit Pferden aus. Was ist mit ihm passiert?"

„Das ist eine nicht sehr schöne Geschichte", erzählte Mrs. Nuttal. „Eines Tages bekam ich Beschwerden mit dem Rücken. Ich mußte ins Krankenhaus. Obwohl ich meine Pferde immer selbst zugeritten habe, war mir das bei Prinz einfach nicht möglich. So wandte ich mich an einen gewissen Jim Chapman und bat ihn, das Pferd zuzureiten. Er wollte Prinz einige Zeit behalten und sicherte mir gute Betreuung zu!"

„Und was geschah dann?" drängte Lisa.

„Er hat Prinz offenbar ganz falsch behandelt. Von fachmännischem Einreiten konnte keine Rede sein. Er hat das zum Fahren ungeschulte Pferd sogar eingespannt. Könnt ihr euch das vorstellen? Hätte ich das geahnt, so hätte ich ihm Prinz niemals anvertraut!"

„Und was war dann?" fragte ich ungläubig.

„Bronco ist immer wieder durchgegangen, sogar mit dem Buggy. Er hat den Mann mehrmals abgeworfen und ist nicht mehr zu reiten gewesen. Natürlich war das Chapmans Schuld. Prinz hat sich verletzt, als er wieder einmal durchging, er hatte Schmerzen."

Sie schwieg.

„Und dieser Chapman hat niemanden, der ihm bei der Arbeit hilft?"

„Nein, er ist allein. Ich hätte mich genauer nach ihm erkundigen sollen! War meine Schuld!"

„Warum hat er niemanden gebeten, ihm mit Bronco zu helfen?" fragte Lisa empört.

„Wie können Sie so einem Menschen Ihr Pferd anvertrauen?" Ich war ebenso empört wie meine Schwester.

„Nach diesen Erfahrungen ließ Prinz niemanden mehr

an sich heran. Du warst die erste, die ihn wieder reiten konnte", schloß Jean Nuttal.

„Das erklärt natürlich, warum er so schreckhaft wurde und richtig durchdrehte, als der Trainer der Filmgesellschaft ihm den Ausbinder anlegen wollte. Er hätte ganz anders behandelt werden müssen!" sagte ich. Ich war wütend auf diese Frau.

„Sicher", sagte Mrs. Nuttal ausweichend. Sie öffnete eine Dose Kompott.

„Mein Gott, wie traurig das alles ist", sagte Lisa.

„Das ist mehr als traurig", stellte ich fest. „Es erklärt viel. Das arme Tier. Ich habe immer gewußt, daß Bronco etwas Schlimmes erlebt hat. Er muß sehr gelitten haben, er ist sensibel. Ich darf gar nicht daran denken."

„Aber er hatte auch schon immer einen starken Willen", sagte Mrs. Nuttal und reichte mir eine Schale mit Pfirsichkompott. „Schon als Fohlen wußte er genau, was er nicht wollte, so wie seine Mutter."

„Haben Sie den Filmleuten seine Geschichte erzählt?" wollte ich wissen. „Das ist sehr wichtig, die müssen das wissen. Besonders die Sache mit dem Einspannen. Er muß schließlich zu diesen Leuten Vertrauen bekommen. Ich glaube, nach allem, was passiert ist, wird das kaum mehr möglich sein."

„Ich werde es ihnen auf alle Fälle offen sagen", versprach Mrs. Nuttal.

„Der Ausbinder hat ihn wohl vollends verschreckt. Er hat einfach schlechte Erfahrungen gemacht", sagte ich.

Aber jetzt würde alles wieder gut werden. Und wir hatten nun eine Art Erklärung für das Verhalten des schönen Wallachs.

Nach dem Mittagessen verabschiedete ich mich lange von Bronco und verschloß sorgfältig seine Box, damit er nicht wieder fortlaufen konnte.

Während Lisa und ich davonritten, hörte ich sein verzweifeltes Wiehern. Ich fror und war traurig, so als hätte ich jemanden verloren, den ich sehr geliebt hatte. Auch Lisas kleines Gesicht war verzweifelt. Stumm ritten wir, denn wir wußten, daß Worte jetzt nichts mehr ändern konnten. Prinz würde uns nicht gehören.

Als wir zu Hause ankamen, brach die Dämmerung herein. Alle kamen aus dem Haus, als wir auf den Hof ritten.

„Was ist passiert?" rief Mami.

„Nichts."

„Ihr habt mir versprochen, mich anzurufen", sagte sie vorwurfsvoll.

„Wir haben es vergessen", sagte ich. „Warum hast du Mrs. Nuttal nicht angerufen?"

„Habe ich, aber niemand ging ans Telefon. Wir wollten schon einen Suchtrupp losschicken."

„Tut mir leid, Mami", sagte ich und saß ab. Ich sah zum erstenmal ganz bewußt, wie klein Lorraine war im Vergleich zu Hillingdon Prinz.

„Morgen müßt ihr wieder zur Schule", erklärte Mami. „Die Straßen sind jetzt frei."

Die Geschichte mit Bronco ist nun abgeschlossen, dachte ich. Hillingdon Prinz kehrt zu seinen Besitzern zurück, und diesmal werden sie vorsichtiger mit ihm umgehen.

Mike hatte für uns die Boxen gemistet und das Futter für die Pferde vorbereitet. Die Lichter im Haus schimmerten durch die Dunkelheit.

„Für Ostern hat sich eine Großmutter mit drei Enkeln bei uns angemeldet", erzählte uns Mami.

Das Leben geht also weiter, dachte ich, und alles nimmt seinen gewohnten Gang. Aber da sollte ich mich täuschen.

Richtige Verträge

Ich träumte, daß Bronco auf unserem Hof stand und daß ich in meinem Zimmer eingesperrt war und nicht zu ihm konnte. Ich hörte das Klappern der Eimer und Cassies freudiges Wiehern. Aber die Tür und das Fenster meines Zimmers waren verriegelt.

Doch plötzlich wurde ich wach, und alles, was ich zu träumen gemeint hatte, war Wirklichkeit. Ich sprang aus dem Bett und stürzte ans Fenster. Der Hof war vom Mondlicht hell erleuchtet, und da stand tatsächlich Bronco und steckte den Kopf in einen Eimer. Ich schlüpfte in Windeseile in meine Hosen und einen Pullover und rannte die Treppe hinunter. Schnell zog ich meine Stiefel an. Als ich die Küchentür öffnete, stieß ich mit Lisa zusammen.

„Bronco ist wieder da!" schrie sie.

„Ja, ich weiß!" rief ich.

Ich rutschte ein paarmal aus, als ich über den vereisten Gartenpfad ging. Im Hof angekommen, sah ich, wie Bronco den Kopf hob und leise wieherte, als er mich sah. Ich öffnete die Stalltür, und er ging, ohne zu zögern, in seine Box. „Du gehörst uns nicht mehr, Bronco", sagte ich. „Verstehst du das nicht?"

Er sah in die leere Futterkrippe und beschnupperte meine Hosentaschen. Er schien gesund zu sein, und ich bemerkte erst später, daß er eine kleine Wunde am Bein und ein paar Kratzer an der Brust hatte. „Was hast du angestellt?" sagte ich und bückte mich hinunter, um mir sein Bein anzusehen. Schnobernd fuhr er mir mit dem Maul durch die Haare.

Lisa starrte über die Halbtürbox.

„Wir müssen die Wunde desinfizieren", sagte ich. „Ich vermute, er ist wieder ausgebrochen. Die passen dort einfach nicht auf. Wahrscheinlich hat jemand seine Box offengelassen!" Er hatte ein paar Kratzer an der Brust, ein Auge konnte er nicht richtig öffnen.

Nachdem wir sein Bein behandelt hatten, brachten wir ihm Heu und frisches Wasser.

„Was geht hier eigentlich vor?" wollte Mami wissen, die soeben den Stall betreten hatte.

„Bronco ist zurückgekommen", erwiderte ich einfach.

„Er glaubt wirklich, daß er hier zu Hause ist", sagte Mami.

„Stimmt ja auch", sagte ich und wischte mit einem feuchten Schwamm über sein geschwollenes Auge.

„Er hat Vertrauen zu dir, Harriet", erklärte Mami.

„Scheint so, als ob er wirklich bei uns bleiben will", sagte ich und sah meine Schwester an.

Nachdem wir ihn versorgt hatten, gingen wir ins Haus zurück und tranken Tee in der Küche, um uns aufzuwärmen. Wir setzten uns dicht an den Herd, da die Zentralheizung nicht funktionierte.

„Ich bin gespannt, was Mrs. Nuttal diesmal sagen wird", meinte Lisa.

„Ich bringe ihn ihr nicht mehr zurück", sagte ich entschlossen.

„Ich verstehe nicht, warum diese Frau einfach nicht auf ihr Pferd aufpassen kann", sagte Mami.

Der Morgen graute bereits, und wir beschlossen, nicht mehr ins Bett zu gehen.

Gegen sieben kam Ben die Treppe herunter, und wir riefen Jean Nuttal an. Ihre Stimme klang verschlafen, und sie war halb verlegen, halb ärgerlich. „Das ist mir noch nie passiert", sagte sie. „Seid ihr sicher, daß es wirklich Prinz ist?" fragte sie etwas töricht, nachdem ich ihr alles erzählt hatte.

„Na klar", sagte ich. „Er hat ein paar Kratzer an der Brust und am Bein. Ist er gegen Tetanus geimpft, oder sollen wir das machen lassen?"

„Nein, er ist vor ein paar Monaten geimpft worden! Ich werde jetzt die Filmgesellschaft anrufen. Sie sollen ihn selbst bei euch abholen. Ich möchte nicht, daß er noch einmal davonläuft. Er soll ordnungsgemäß und von zuverlässigen Betreuern abgeholt werden!"

„Wann wird er abgeholt werden?" fragte ich.

„Ich werde darum bitten, daß sie euch anrufen. Und selbstverständlich müssen sie euch für eure Unkosten entschädigen", sagte Jean Nuttal, bevor sie auflegte.

„Darum geht's doch gar nicht", sagte ich zu Lisa.

Bald darauf läutete das Telefon wieder.

„Die Filmleute rufen uns noch heute an", berichtete ich Mami danach. „Dürfen wir ausnahmsweise die Schule schwänzen? Es ist besser, daß wir da sind, wenn sie ihn holen."

„Kommt nicht in Frage", protestierte Mami. „Morgen ist Samstag, dann können sie kommen. Also, macht euch rasch fertig. Ihr müßt noch eure Schuhe putzen, eure Blazer sind voller Pferdehaare."

Obwohl wir so früh aufgestanden waren, verpaßten wir den Schulbus, und Mami mußte uns zur Schule fahren.

„Es passiert schließlich nicht jeden Tag, daß Bronco — ich meine Hillingdon Prinz — zurückkommt", versuchte ich meine Mutter zu beruhigen.

„Da wäre ich nicht so sicher", erwiderte Mami.

Während des Unterrichts hatte ich Mühe, mich zu konzentrieren, in Mathe schlief ich ein.

Ich mußte deswegen zum Direktor, dessen Augen immer größer wurden, als ich ihm erzählte, daß ich durch ein heimkehrendes Pferd ganz früh geweckt worden war. Er fand das nicht sehr komisch, aber Mr. Chivers findet überhaupt nichts komisch. Er sagte, ich würde nie das Abitur machen und später wie so viele junge Leute keine Arbeit finden, wenn ich alles auf die leichte Schulter nähme.

„Ich habe schon einen Job", erwiderte ich. „Ich werde einmal Pferde ausbilden!"

Er sah mich ärgerlich an und sagte: „Geh jetzt in deine Klasse zurück, und reiß dich in Zukunft zusammen, sonst muß ich mit deinen Eltern reden. Das wäre dir sicher nicht recht?"

„Stimmt", erwiderte ich.

Der Rest des Tages verging im Schneckentempo. Immer wieder dachte ich, daß Bronco vielleicht schon abgeholt worden war, wenn ich nach Hause kam. In der Zeichenstunde malte ich seinen Kopf auf das Papier anstatt der vorgegebenen Pflanzen.

Als der Unterricht endlich zu Ende war, stürmte ich hinaus, um den Schulbus zu erreichen. Doch da winkte mir Ben zu, er rief: „Mami ist mit dem Wagen da, um uns abzuholen. Die Filmleute sind schon angekommen."

„Was, jetzt schon?" fragte ich bestürzt. „Warum haben die es so eilig?" rief ich und rannte los. „Wie Aasgeier, die es nicht erwarten können, ihre Beute zu holen. Ich wollte, wir hätten die Trippets nie gesehen!"

Mami trug ihren besten Mantel und hochhackige Schuhe.

„Ich nehme an, es sind die beiden Mädchen, die beim letzten Mal mit dem Transporter dagewesen sind", sagte ich, als ich in das Auto stieg.

„Nein, es sind zwei sehr nette Männer", sagte Mami. „Sie warten auf euch, draußen auf dem Hof. Ich wollte ihnen eine Tasse Tee anbieten, aber sie wollten unbedingt draußen warten. Bitte seid nett zu ihnen."

„Sie zögern den Abschied nur hinaus", sagte ich. „Worauf warten sie noch? Wollen sie für Bronco einen Käfig bauen? Sie wollen ihn ja doch nur ins Gefängnis bringen!"

„Fang bloß nicht an zu heulen!"

„Ach, laß mich in Ruhe!" erwiderte ich wütend.

Der Hof lag in der warmen Wintersonne. Ein prächtiger Wagen stand vor dem alten Pferdestall, vor dem noch immer die einstige Feuerstelle war, an der früher einmal Pferdeknechte das Viehfutter zubereitet hatten.

Die Männer waren anders, als ich sie mir vorgestellt hatte. Der eine trug Reitsachen, der andere war sportlich angezogen. Er hatte braune Augen und dunkle Locken, die ihm in die Stirn fielen. Lisa konnte kaum die Augen von ihm wenden.

„Harriet", sagte er und streckte mir die Hand entgegen. „Ich bin Mike Mitchells."

Ben blickte ihn erstaunt an. Vielleicht kannte er den Mann.

„Möchten Sie nicht ins Haus kommen und mit uns eine Tasse Tee trinken?" schlug Mami noch einmal vor.

„Danke, sehr gern", sagten die beiden. „Ihre jüngere Tochter hat uns inzwischen den Hof gezeigt. Ich hoffe, es ist Ihnen recht!"

„Natürlich", sagte Mami fröhlich. Sie begleitete die beiden Männer zur vorderen Eingangstür, die wir normalerweise nicht benutzten.

„Harry ist unser Pferdefachmann, ich bin der Filmproduzent", sagte Mike Mitchells, als wir die Diele betraten. „Es tut mir sehr leid, daß Sie mit Prinz so viele Aufregungen hatten. Gordon Trippet, der für uns arbeitet, war fest überzeugt, daß er ein wunderbares Pferd entdeckt hatte. Aber er hatte sein Temperament unterschätzt."

„Wann wollen Sie ihn abholen?" fragte ich und versuchte, so unbeteiligt wie möglich zu erscheinen. Aber meine Stimme war rauh.

„Darüber wollten wir jetzt mit euch reden, Harriet", sagte Harry.

„Er ist noch nicht transportfähig", sagte ich rasch.

„Wir dachten gar nicht an einen Transport", entgegnete Mike Mitchells und lächelte.

„Sie werden ihn töten, stimmt's?" rief Lisa schrill. Sie war sehr blaß geworden.

„Nein, Kind", sagte Mike Mitchells. „Wir sind doch keine Unmenschen. Wir möchten, daß er bei euch bleibt. Ein Fachbereiter und deine Schwester sollen ihn ausbilden, und wir werden das selbstverständlich bezahlen. Dafür aber möchten wir unseren Film hier auf eurem Hof drehen? Wir suchen schon lange einen geeigneten Drehort, und dieser scheint der richtige zu sein. Hier stimmt alles!"

„Hier?" Ben war verblüfft. „Meinen Sie unseren Pferdehof?"

„Ja, wir müssen nur einen alten Torbogen errichten, durch den die Pferdekutschen ein- und ausfahren."

„Ist das Ihr Ernst?" rief James.

Mami hatte von der Küche aus zugehört, jetzt ließ sie vor Überraschung eine Tasse fallen.

„Allerdings müßtet ihr vorübergehend eure Gäste ausquartieren", fuhr Mike Mitchells fort. „Wir werden das mit euren Eltern besprechen!"

„Und wann wollen Sie drehen?" fragte Ben.

„Ende Mai, Anfang Juni. Im allgemeinen zahlen wir etwa hundert Pfund pro Drehtag für einen Besitz wie diesen hier. Wir werden etwa einen Monat lang drehen."

Ich blickte Mami an und dachte, sie würde in Ohnmacht fallen.

„Bis dahin aber sollst du, Harriet, Prinz betreuen, zusammen mit einem ausgebildeten Bereiter. Er wird auch im Film Prinz heißen, daher bitte ich euch, ihn von nun an so zu rufen. Er darf vor nichts mehr zurückschrekken, auch nicht vor einer fahrenden Eisenbahn. Und du solltest mit ihm durch euren kleinen Fluß schwimmen. Traust du dir das zu?"

„Ja", sagte ich entschieden.

„Natürlich wirst du ihn nicht allein trainieren. Dafür ist unser Fachmann da. Prinz sollte sich auch an den Damensattel gewöhnen, und du wirst ein paarmal für Julie Edwards einspringen müssen."

„Meinen Sie die Schauspielerin?" fragte Ben.

„Richtig. Wir werden einen Vertrag miteinander machen, und dann werden noch ein paar Leute kommen, die sich das Haus ansehen werden. Das Treppenhaus ist gut geeignet, aber vielleicht müssen wir das Eingangstor durch ein anderes Tor ersetzen. Glauben Sie, Mrs. Pemberton, daß Ihr Mann etwas dagegen haben wird?"

„Sicher nicht", sagte Mami, und verschüttete etwas Tee, als sie die Tassen vollschenkte. „Das Tor hat mir sowieso nie gefallen."

„Wir bringen auch ein paar alte Möbel mit und richtige Himmelbetten. Für die Zeit, in der Sie hier nicht wohnen können, übernehmen wir Ihre Hotelkosten. Wir brauchen auch einen Teil der Ställe für Aufnahmen, dann müßten Ihre Pferde in einen anderen Stall umziehen!"

„Kein Problem", sagte Ben zuversichtlich.

„Aber wir werden das alles in einen Vertrag aufnehmen, den Sie in ein paar Tagen zugeschickt bekommen", sagte Mitchells. „Bis Anfang Mai sollen die Vorbereitungen fertig sein. Wir werden auch ein paar Blumen und Sträucher pflanzen. Das wird ebenfalls im Vertrag stehen!"

Als sie sich verabschiedeten, wäre ich ihnen am liebsten um den Hals gefallen und hätte vor Freude getanzt.

„Prinz hat uns einen guten Dienst erwiesen. Ohne ihn hätten wir Ihren Pferdehof nicht entdeckt", sagte Mike Mitchells, als er vor das Haus trat und die frische Januarluft einatmete. „Es ist sehr gut, daß das Haus so ursprünglich ist, daß es nicht modernisiert und umgebaut wurde. Es hat genau die Atmosphäre, die wir uns für unseren Film vorstellen. Das war mir gleich klar, als ich aus dem Wagen stieg. Es paßt auch alles in unsere Story. Wirklich ein schöner Besitz."

„Der ist ein bekannter Filmemacher", sagte Ben, als die Männer abgefahren waren.

„So bekannt wie Julie Edwards", fügte James hinzu.

„Kinder, ich glaubte meinen Ohren nicht zu trauen", sagte Mami.

„Bald werde ich mit Prinz zum Schwimmen gehen!" sagte ich.

„Das schafft ihr schon", meinte James. „Stell dir vor, du wirst Hilfe bekommen und noch bezahlt! Wenn du kein Glückspilz bist!"

„Mir ist ganz schlecht vor Aufregung", sagte Lisa leise.

„Da kommt Paps!" rief Ben, und dann führten wir einen Freudentanz vor ihm auf.

„Es ist alles wieder in Ordnung!" rief ich glücklich.

„Wir werden endlich Geld bekommen", schrie Ben.

„Warten wir's ab", meinte James.

Ich kann mich nicht um zwei Pferde gleichzeitig kümmern, wenn Prinz so eine intensive Betreuung brauchen wird, dachte ich. So sagte ich zu Lisa: „Du könntest von jetzt an Lorraine betreuen. Natürlich bin ich auch noch da. Ist dir das recht?"

„Klar", rief Lisa. Wir könnten Jigsaw von Rosie versorgen lassen. Die möchte schon lange ein Pony haben. Außerdem zahlt ihr Vater dafür, daß wir Jigsaw weiterhin bei uns einstellen. Ja, das tun wir, sie ist schließlich meine beste Freundin in der Schule."

All die Aufregungen, die wir um Prinz gehabt hatten, waren zu einem guten Ende gekommen.

„Wir haben Glück", sagte Paps. „Was glaubt ihr, wie viele Gäste zu uns kommen werden, nur weil unser Haus Schauplatz eines Films ist. Die Leute werden scharenweise anreisen, und das Haus wird nicht wie bisher halb leerstehen."

„Das müssen wir feiern", schlug Mami vor. „Steve und Janet sind zwar abgereist, aber Oberst Hunter liebt Feste!"

„Vorher müssen wir uns um die Pferde kümmern", sagte ich. „Vergeßt nicht, daß wir es ihnen zu danken haben, wenn es uns jetzt so gutgeht. Ohne Bronco, ich meine, ohne Prinz..."

„Wir sollten auch die Trippets nicht vergessen", fiel James mir ins Wort. „Wir konnten sie zwar nicht leiden, aber schließlich haben sie Prinz empfohlen!"

„Ach, Kinder, es ist doch einerlei, wem wir unser Glück verdanken, die Hauptsache ist, daß alles gut ausgegangen ist", sagte Mami und umarmte Paps. „Ich schlage vor, wir gehen gut essen und verprassen das Geld, das ich heute morgen von Steve bekommen habe. Ich habe heute keine Lust, zu kochen. Wie wär's mit einem Superessen im *Old White Lion?*"

„Aber wem gehört nun eigentlich Bronco — ich meine

Prinz?" rief Lisa.

„Den Filmleuten", sagte ich. „Aber vorläufig bleibt er bei uns, und wer weiß, was dann ist, wenn die Dreharbeiten beendet sind!"

„Wir werden vielleicht auch noch Schauspieler!" rief Lisa aufgeregt.

„Oberst Hunter wird dann wohl ausziehen", sagte Paps und lachte. „Aber nun beeilt euch, ihr müßt euch noch waschen und umziehen. Mit diesem Pferdegeruch könnt ihr nicht ins Restaurant gehen."

Wir suchten uns alle ein besonders gutes Gericht aus. Im *Old White Lion* standen Kerzen auf den Tischen, die Gäste waren sehr gut angezogen. Wir wirkten neben ihnen fast ein bißchen schäbig. Auch die spanischen Kellner waren sehr vornehm. Oberst Hunter allerdings trug einen Abendanzug.

Drei Tage später kam ein dicker Brief. Die Filmgesellschaft hatte uns zwei Verträge geschickt. Der eine betraf das Haus, der andere Prinz und mich. Er war gespickt mit juristischen Fachausdrücken, die ich nicht alle verstand. Aber der Inhalt war etwa folgender: Hillingdon Prinz sollte so lange Eigentum der Filmgesellschaft bleiben, bis er für Dreharbeiten nicht mehr gebraucht wurde. Dann sollte er mir gehören. Er würde bei uns eingestellt sein, und wir müßten ihn jederzeit für Filmaufnahmen zur Verfügung stellen. Man würde uns alle anfallenden Kosten erstatten, für seine Ausbildung mit dem Trainer würde ich zweihundert Pfund erhalten sowie zehn Pfund wöchentlich für seine Haltung. Von dem Tag an, da er mir gehörte, würde ich natürlich kein Geld mehr bekommen. Außerdem wurde von uns erwartet, daß ich mit Prinz durch unseren Fluß schwimmen würde, und daß ich für Julie Edwards (beim Reiten) einspringen würde — dafür würde ich so geschminkt werden, daß ich aussah wie sie. Dafür würde ich zusätzlich bezahlt werden. Alles war so, wie wir es besprochen hatten.

Das war der aufregendste Brief, den ich je erhalten hatte. Paps war ebenfalls sehr zufrieden mit dem Vertrag, der das Haus betraf.

Aber das schönste war, daß Prinz bei uns bleiben würde. Ja, nun hatten wir einen Prinzen auf dem Reiterhof „Zum Schwarzen Pony", ein königliches Pferd, wie man es nur einmal unter Tausenden findet. Und eines Tages würde Prinz mir gehören.

Mit einem Mal lag die Zukunft strahlender denn je vor mir, und der Mai versprach ein richtiger Zaubermonat zu werden. Julie Edwards würde in unserem alten Haus ihre Rolle spielen, und Prinz würde hier gefilmt werden.

Es war wie ein Traum. Viele Sorgen waren von uns genommen, und wir blickten einer verheißungsvollen Zukunft entgegen, zusammen mit unseren Pferden.

CIP-Titelaufnahme der Deutschen Bibliothek

Pullein-Thompson, Christine:
Pferdehof „Zum Schwarzen Pony" / Christine Pullein-
Thompson. – München : F. Schneider.

Bd. 4. Prinz bleibt bei uns. – 1989
   ISBN 3-505-09909-0

Hrsg. Helga Wegener-Olbricht

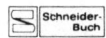

Schneider-Buch

© 1989 für die deutsche Ausgabe
by Franz Schneider Verlag GmbH
8000 München 40 · Frankfurter Ring 150
Alle Rechte dieser Ausgabe vorbehalten
Übersetzung aus dem Englischen von Renate Navé
mit Fachberatung von Edel Marzinek-Späth
Originaltitel: PRINCE AT BLACK PONY INN
© 1989 by Christine Pullein-Thompson
Titelbild und Illustration: Ines Vaders
Umschlaggestaltung: Claudia Böhmer
Lektorat: Helga Wegener-Olbricht
Herstellung: Brigitte Matschl
Satz/Druck: Presse-Druck Augsburg
ISBN: 3 505 09909-0

Die schönsten Pferdebücher
von Christine Pullein-Thompson:

Die Stunde der Pferde
Ein Zuhause für Debbie

Pferdehof „Zum Schwarzen Pony" (Band 1)
Wo ist Apollo?

Pferdehof „Zum Schwarzen Pony" (Band 2)
Die verschwundenen Reiter

Pferdehof „Zum Schwarzen Pony" (Band 3)
Die drei Geschwister

Pferdehof „Zum Schwarzen Pony" (Band 4)
Prinz bleibt bei uns

Die Serie wird fortgesetzt